大膽行動

BOLD MOVE

A 3-Step Plan to Transform Anxiety into Power

哈佛心理學教授破解負能量，改變人生三步驟

Dr. Luana Marques
盧安娜・馬奇斯博士——著
陳筱宛——譯

目次 CONTENTS

PART 2

轉換觀點

PART 3 接近

推薦序

穿越你的情緒，大膽行動

Vito大叔

覺察，是覺醒的開始。

你想要改變過往那些一直帶給自己痛苦、阻礙未來成功的限制性信念嗎？像是：我不夠好，我不值得被愛，我永遠都做不到……

這些埋藏在每個人心底最深處的想法、核心信念，或者是潛意識，都深深影響著你我的每一天，讓我們不斷做出以下三種「心理迴避」的自動化反應：

一、衝動反應（戰）：爆炸、憤怒、攻擊、宣洩。

二、退卻（逃）：閃躲、規避、遠離、分散。

三、不作爲（僵）：漠視、裝傻、抽離、當機。

心理迴避在某種程度上有點像毒品，一旦你嘗過它的滋味，很容易會上癮。每個人都有自己專屬的迴避策略，對我來說，像是時常跟母親爭吵、逃避與伴侶溝通、還有壓力大時總會酗酒，這些都是過往習以為常的迴避方式。

你能覺察到自己的想法、情緒、行為之後，接下來就是大膽行動的開始了！

本書的作者哈佛心理學教授盧安娜．馬奇斯博士是認知行為療法領域最頂尖的專家，她在長期研究恐懼和焦慮之後，歸納整理出了破解負能量，改變人生的三個神奇步驟：轉換觀點、接近、校準。

Breakdown and Breakthrough，不管有任何感受，前進的唯一道路是穿越你的情緒。

我開始練習對衝動反應踩剎車，不與母親大聲爭論是非；我不再退卻，勇敢跟伴侶說出心中的想法；我決心戒酒，清醒面對未來的每一個片刻；我用心覺察每個當下的呼吸與感受，不斷思考下一步與未來的計畫；我透過寫作活化前額葉皮質，減弱杏仁核對自己的控制。

在靠著「轉換觀點」成功克服心理迴避的同時，我一次又一次「接近」自己內在的恐懼，勇敢實現了心中一個又一個的夢想，陸續成爲了圖文作家、Podcast主持人，以及影響無數人的課程講師。並且在重啓人生的過程中，無時無刻透過內在價值觀進行「校準」，以確保自己沒有偏離路徑。

透過大膽行動，我成功改變了自己的人生！

祝福正在閱讀這本好書的每一個人，都能夠化爲水，不要成爲岩石。展現你的大膽無畏，流過你面對的障礙，永遠不要停止朝向你的價值觀邁進，勇敢踏出改變自己未來的下一步。

（本文作者爲圖文作家、Podcast主持人、設計人生教練）

好評推薦

我跟一些具有十足韌性的朋友相處時，光是聽他們談話就深受鼓舞。有些是遭遇童年創傷，或者是面對非同尋常的逆境。他們不是不會恐懼，只是在恐懼的同時，也沒忘了從自己能力所及處一點一點努力。看到這本書作者的經歷，想到了這些朋友，也很期待再次從作者身上領受到穿越恐懼的勇氣！

——洪仲清，臨床心理師

眞正的勇敢，是你再也不需要百分之百的安全感做爲後盾才敢行動！善用負能量，學會讓自己的行動與你的核心價值觀校準，你就能克服各種心理迴避。不再被焦慮癱瘓，借力使力，我們都能活出超乎預期，更美好的生命。

——洪培芸，臨床心理師、作家

如果你在該堅強的時候膽怯，在該堅決的時候屈服了，這本書是你的解藥。盧安娜．馬奇斯博士借鑑自己的人生經歷和大量研究成果，會幫助你擺脫限制模式，創造有意義、有目標的人生。

——丹尼爾．品克，暢銷書《未來在等待的人才》《動機，單純的力量》作者

馬奇斯將複雜的神經科學概念轉化為貼近生活、切合實際的建議（她提到，讀者不該在生活中「最具挑戰的情況下」練習她的工具，循序漸進才是最好的選擇），她對自身創傷的討論也令人耳目一新、坦誠直率。覺得自己的焦慮難以克服的人應該看看這本書。

——《出版人週刊》

我和團隊在播客和 APP 中特別介紹盧安娜．馬奇斯博士時，每次觀眾都非常喜歡。盧安娜對焦慮瞭若指掌，她能平穩又帶著同理心地引領你走出焦慮。我

深信這本書能吸引讀者，並帶來幫助。

——丹・哈里斯，《快樂，多10%就足夠》作者

盧安娜博士是個人成長領域讓人耳目一新的聲音，她能陪你踏上打造勇敢人生的旅程。她的文字激勵人，**她的脆弱啓發人，她最先進的工具讓人受益匪淺。**《大膽行動》是你必讀的好書！

——珍妮・薛佛（Jenni Schaefer），《從飲食失調中復原並愛上生活》（*Goodbye Ed, Hello Me: Recover from Your Eating Disorder and Fall in Love with Life*）作者

盧安娜博士採用實證方法減少焦慮，並且讓這些方法**可行**、**清晰明瞭**、讀起來**很有說服力**……我強烈推薦這本書給所有飽受焦慮困擾、明知自己該做什麼事卻一再逃避的人。

——史蒂芬・賽夫倫博士（Steven A. Safren, PhD, ABPP），邁阿密大學心理學教授

盧安娜博士邀請我們……鼓起勇氣、培養（和容忍）自省、掌握新技能，刻意且主動讓這些作爲與我們的核心價值保持一致，使我們成爲最好的自己。她的觀點帶著個人經歷，魅力十足，而且看似隨興，但**她巧妙地將科學與臨床專業交織在一起**……這是一部非凡的作品。

——黛蕊・謝塔瑟（Derri Shtasel），哈佛醫學院副教授

盧安娜博士提出令人難忘的比喻、眞實生活案例，加上豐富的圖像素材和提

醒，**讓養成新習慣完全可實現（而且充滿樂趣！）**。身爲經常與焦慮周旋且工作與心理健康相連的我，強烈推薦《大膽行動》給想更了解自己的情緒的任何人……還有心理健康領域專業人士。這是一本很有見地、風趣，又能引發你共鳴的好書！

——德蘭妮·費雪（Delanie Fischer），

播客《無助》（*Self-Helpless*）共同主持人、

心理健康專業人士的商業顧問

閱讀《大膽行動》就像和你最聰明、最有親和力的朋友交談——盧安娜博士還恰好是長春藤聯盟的臨床心理學家。她分享的實用、易理解工具全都有科學當後盾，能幫助你邁向想要的生活。

——托莉·克里德博士（Torrey A. Creed, PhD），

賓州大學佩雷爾曼醫學院精神病學系心理學副教授

經營一家快速成長的科技新創公司，帶給我壓力和焦慮，尤其本來就有潛藏的心理健康問題。盧安娜引導我走出焦慮，**這本書就是這趟旅程的絕佳指南**。

——保羅．般格里許（Paul English），Kayak.com 和躁鬱症社交俱樂部（Bipolar Social Club）創辦人

前言

我夠好嗎？

由我寫一本談勇敢的書，有個天大的諷刺，但這個點也許只有我明白。當告訴朋友我正在寫書介紹讓人活出勇敢的工具，他們會興奮地驚呼：「這書非妳不可，因爲勇敢是妳的**特色**。」諷刺的是，儘管大多數親密好友和同事會用「勇敢無畏」來描述我，但其實面臨重大挑戰時，我經常覺得害怕、焦慮和脆弱。

身爲成年人，我知道這些擔憂有部分源於自己在巴西的童年時光。那時我花了很多心力努力讓爸媽不離婚，做盡任何事讓他們減少爭吵、結束爭執，維持這世界——**我的世界**——仍舊安全的假象。但最後我還是澈底失敗了：爸爸在我十歲那年離開我們，此後我的世界不再有穩定和篤定的感覺。現在回想起來，爸爸離去對我算是因禍得福，不過我從沒見過哪個十歲小孩能興高采烈地對自己說：「對，我爸媽離婚了，媽媽得時時刻刻工作養活我們。不管她怎樣努力，有時候我們只能合吃一顆馬鈴薯當晚餐。」

因此，當時還是小女孩的我其實對自己說的是「我不夠好」。不完全是這些字，但我現在身爲成年人和臨床心理師回顧這段人生，知道這是當時心情的粗略翻譯。我竭盡所能想證明自己夠好。**我該洗碗？更努力念書？保護妹妹？還是密切留意媽媽？**焦躁不安的思緒和情緒無窮無盡。無論多努力，我時常覺得自己快要撐不住，這時就會吃下一大袋餅乾來舒緩心情，但這最終會讓我覺得自己是個失敗者。

雪上加霜的是，當媽媽逮到我偷吃餅乾時，總是規定我要節食，這進一步向我證明自己確實不夠好。這是惡性循環。現在回想起來，我明白當時她是擔心我的健康，如同現在我關心兒子的健康一樣。但該死的，怎麼會有人用拿走餅乾表達他們愛你？這種方式眞令人傷心。當時我很受傷，也很困惑。爲什麼她要拿走當下唯一能讓我好過些的東西？其實媽媽和我都用當時我們擁有的工具盡力而爲了，遺憾的是，那些工具很簡陋。可是你很幸運，我即將介紹的工具不僅更加高明，還得到數百項科學研究和我數十年實務經驗的支持。

我猜朋友認爲我勇敢無畏，是因爲我克服了貧窮、逆境和創傷才取得今日的成就——哈佛醫學院心理學副教授、波士頓麻省總醫院「社區精神病學實證療法施行與傳播研究方案」（Community Psychiatry PRIDE）研究室主持人。也許我的**旅程**是勇往直前，但朋友沒看見的是，即使到今天，我仍然覺得自己不夠好。所以我是如何設法從貧困走到哈佛，進而成爲出書的作家呢？

我把這貌似奇蹟的故事歸功於三個因素：我媽媽、外婆，還有科學。我媽媽是個鬥士，直到今天，她仍持續努力克服自己面對的任何挑戰。身爲單親媽媽，她拚盡全力養活我們，給我們擁有更美好未來的可能性。媽媽教會我，不管有何感受，前進的唯一道路是**穿越**我的情緒。她讓我明白，無論我感受到什麼情緒，還是能去做困難的事。後來我在研究所學到「穿越，而非繞過」這種行爲是情緒調節這個概念的核心，[1]它告訴我們，感受情緒勝過逃避情緒。

十二歲那年，外婆走進我的生活，當時媽媽正和我的繼父交往中。小時候，外婆把我推出舒適圈，確保我的擔憂不會妨礙自己追求夢想。外婆教我的大多數事情可以總結爲兩大概念：一、接近，不要閃躲（參見本書PART 3）。二、化爲水，不要成爲岩石（參見結論）。

之後我帶著童年學到的事去追求美國夢——起初是交換學生，後來則是接受高等教育。取得博士學位後，我埋首研究認知行爲療法：這是處理心理健康難題的黃金標準療法。②我閱讀已發表的每一篇治療計畫，探討如何在個別與團體會談中進行治療，研究不同疾患和形形色色族群適合的治療方法，並得到世界頂尖心理健康專家的指導。我在哈佛醫學院和麻省總醫院服務的早期時光非常寶貴，幫助我綜合本書要與你分享的科學知識，不過這些還不足夠。

唯有當我踏進現實生活環境，和各式各樣的社群一起工作時，我才眞正學會如何精煉出讓人變勇敢所需的事物。在象牙塔內（即哈佛）談論認知行爲療法是一回事，在有人面對驅逐出境、坐牢、貧困、單親，以及各種現實世界情境下，教他認知行爲療法卻是另一回事。至於將這些概念應用在一個位高權重的企業高層主管身上——她的婚姻即將結束，但她正帶領團隊經歷重大轉變——又是完全不同的一回事。等到我的工作逐步發展成處理這類挑戰，我終於能將媽媽和外婆的智慧與實證科學結合在一起，形成一套始終能適合所有人的方法，而不只是在某些時候適用於某些人的方法。

「大膽行動」（Bold Move）是我創造的一套技巧，背後有科學證據支持，並注入我從人生中學到的教訓，爲的是幫助任何人克服障礙，活出最精采的人生。本書介紹的三種技巧——**轉換觀點**、**接近**和**校準**，讓你有能力在最重要的時刻採取大膽行動。然而，當你踏上變勇敢的旅程，不免會遇到坎坷。畢竟，活出勇敢不代表天不怕地不怕或魯莽地生活，而是面對生活挑戰時，不被心理迴避所癱瘓，它才是多數人面臨的眞正敵人。想邀請你和我一起變得勇敢，活出「安於不安」的人生。我很榮幸能走到今天這個地步，也眞誠盼望當你讀完本書，能找到屬於自己的勇敢祕訣。

PART 1

讓人卡住的事

第1章

焦慮很痛苦，但卡住你的不是它

當人好累。有時候還來不及喘口氣，就面臨新難題狠狠攻擊：工作上不可能達成的負荷、意料之外的帳單、孩子在學校遇到困難、家人的健康危機、和另一半為老問題爭吵。這一切讓我們在辛苦了一整天之後只想放空。我們都有自己喜愛的放鬆方式，但是你會說「我滿意自己的生活」嗎？你活出最精采、最眞實的人生嗎？你還記得自己的夢想是什麼嗎？或者你認為活出勇敢、充實人生的想法是天方夜譚，甚至是讓人筋疲力竭、產生焦慮且難以忍受的呢？

人在高度焦慮時刻往往會感覺陷入困境。我們難以擺脫不健康的人際關係和讓人勞累不堪的工作。有些早晨我們起不了床，想不出起床的理由。有些晚上我們寧可在家追劇或狂滑手機，也不願外出走進世界。我們都有過被困住的感覺，在那些時刻，我們彷彿是在薄冰上溜冰，只要稍加一點點重量，就會讓我們墜入深不可測的冰水中。

在這樣的時刻，勇敢活出最好、最眞實的人生，感覺像是遙不可及的夢想。誰有那種時間或精力？我們可能會認爲勇敢大膽是年輕人專屬的人格特質，因爲他們沒有太多的責任和壓力，或是擁有更大優勢、更少問題和更多金錢可以燒的人才能具備的特質，反正不是我們。當我們聽見「勇敢無畏」這個詞，就會想到像馬丁·路德·金恩、企業執行長或職業運動員，這些人具有影響力，擁有我們欠缺的勇氣和信心。但要是勇敢大膽並非少數擁有優勢、天分或特定性格的幸運兒的專利呢？要是它是爲我們所有人準備的呢？

本書將幫助你擺脫困境，讓你開始朝著你關心的事物邁進——專屬於**你的**大膽行動——儘管這條路不好走。在感到壓力和焦慮時，你可以倚靠我在書中介紹的三項技巧，幫助你面對任何阻止自己過上想要的勇敢人生的事物。勇敢人生是能充分展現你本來面貌的生活。

因此，如果你拿起這本書，好奇變勇敢是怎麼回事，卻厭倦了面對生活中持續不斷的挑戰，你並不孤單。這正是我人生早期尚未學會本書介紹的技能之前的處境。

我在巴西瓦拉達里斯州長市長大，混亂是我家的常態，我時常覺得找不到出路。我的爸媽都是好人，可惜太年輕就有了我妹妹和我。他們沒有太多資源，也沒有能力管理自己和兩個小孩的情緒。財務不穩定加上吸毒喝酒，經常導致難堪的激烈爭吵，兩人還不時大打出手。身爲長女，我盡力保護妹妹，但這常常讓我很害怕。每當感受到危險，甚至危險尚未眞正出現時，我就會很焦慮，覺得必須做些什麼讓自己好過一點。還是個孩子的我，只能設法透過吃來緩解自己的情緒。每當生活感覺快要超載時，我就會狼吞虎嚥，吃下一盒又一盒的餅乾。可是光吃零食有時還不夠，我的焦慮也展現在身體上。我不只一次因爲嚴重的「哮喘發作」而被緊急送往醫院。長大成人，如今也成爲心理學家，我意識到，當時我是恐慌發作，並非哮喘發作。但當時我無法用言語表達自己的恐懼，只覺得無法呼吸。**如果有人跟十歲的我說，日後我會幫助別人變勇敢，我肯定會大笑！**

我爸爸離開後，我們的生活變得更辛苦。我們沒有錢，也沒有安全網。別誤會我的意思：我們並非全巴西最窮的那群人，可是媽媽爲了養活我們，必須不斷想方設法，嘗試各種工作。想像一下：一個剛離婚的年輕單親媽媽，處境本來就岌岌可危，突然得獨力挑起兩個女兒吃穿教育的全部費用。她賣過衣架和掃帚，縫製過制服，試過各式各樣的工作，只求能將食物端上桌。媽媽大可任由壓力和焦慮壓垮自己，讓她動彈不得，但是她知道這不是個選項。於是她向前跨出一步，接著再一步，然後又一步。我當時跟媽媽不同，我只想看電視發呆，因爲生活感覺太難熬了。

然而，看著媽媽在重重困難下打出一片天，我開始明白該如何走向不適，接受它的存在，讓它成爲自己的摯友，而不是被它癱瘓。儘管改變不會在一夜之間發生，但是在童年學會的技能，讓我這個南美洲窮困家庭出身的害羞小孩取得了臨床心理學博士學位，還在哈佛醫學院和麻省總醫院謀得一份差事。

雖然我的故事看起來像是一段非常特別的英雄之旅，但路上布滿坎坷。每回來到十字路口，我都會想著：**我能繼續走下去嗎？我能選擇勇往直前，而不是持續陷入恐懼中嗎？**我想你可能也會遇到類似情況：大腦命令你「躲得遠遠的」，可是生活懇求你繼續前行。無論你的處境爲何，本書的寫作目的是幫助你朝著自己想要的生活前進。有些人可能擔心無力支付帳單，有人可能正在處理親人的健康問題，或是幫助在學校遭遇困難的孩子。有些人可能正在考慮轉換跑道或盤算要退休，還有人可能正面臨一段重要關係的結束，並計畫著事件告終後如何重新改造自己。有些人可能爲了追求更好的生活，剛來到異國，也有人則是夢想著有這樣的機會。無論大或小，明顯或細微，挑戰都會讓人感覺疲倦、害怕、孤單、悲傷、焦慮、不知所措，甚至陷入困境。如果這當中有任何一個引起你的共鳴，你可能想知道個案常問我的事：**我該如何擺脫焦慮？爲什麼我會深陷困境？我該如何跳脫這個困境？爲什麼這種悲傷揮之不去？眞有可能變得勇敢嗎？**

博士，拜託讓我的焦慮消失

「博士，拜託讓我的焦慮消失。」這是財星五百大企業執行長傑克在我們第一次會面時提出的要求。如果在大街遇見他，你永遠不會知道他出身貧寒，因爲你看見的是個精明英俊的白領人士，彬彬有禮、口才便給、身穿筆挺的亞曼尼西裝，帶著一公里外就會注意到的強大自信氣場。簡而言之，對全世界來說，傑克所向無敵。但是此刻他在我的辦公室裡描述自己嚴重的焦慮感。他向來容易焦慮，但最近他的焦慮強烈到難以忍受。我坐在他的對面，他傾身向前，用一種上司命令下屬的態度對我說：「盧安娜博士，我聽說妳很厲害，拜託妳快點讓這種焦慮消失。焦慮讓我根本無法正常思考。我得解決這個問題，才能專心規畫明年的策略。」

我們從簡單的問題開始。「這種焦慮感覺像是什麼？」我問。

「感覺我就要爆炸了！」

「爆炸？真的嗎？」

「沒錯！爆炸！」他的語氣和他優雅自信的形象形成強烈反差，讓我感到意外。他繼續說道：「我居然還沒燒起來，太驚訝了。我的心臟怦怦跳、暈眩、注意力難以集中、全世界步步進逼……這一切全都同時發生。我覺得自己就要心臟病發了。我檢查過心臟無數次，但它一點問題也沒有。」

「你怎麼處理這類快燒起來的時刻呢？」我問。

「什麼能讓我好過點，我就做什麼。在公司，我會取消會議，或讓營運長代替我主持會議，告訴大家我和大股東另有重要會議。」

傑克看起來既羞愧又卑微，所有辛苦得來的信心全都消失無蹤。他輕聲告訴我：「我說謊，可是在那樣的時刻，我不知道還能怎麼辦。等回到家，焦慮時常讓我快累垮了，我只好完全停止平日的運動習慣。我試著不爲自己倒杯葡萄酒，但說實話，我通常撐不過晚上八點。喝下第二杯後，我就覺得好多了。接著我會花好幾個小時坐在電腦前，工作。」

他停頓了一下接著說：「我跟自己說是在工作，但其實只是盯著電腦，發呆，借酒澆愁。接著我好不容易睡著，醒來時感覺比前一天更加焦慮。我已經應付不來了！聽我說，妳得幫我消除這股焦慮。我再也無法忍受了！」

傑克明白自己瀕臨極限，這判斷是對的，可是他誤解了事情的成因。他認爲，如果我能施展魔法移除他的焦慮，他就會沒事，還能毫無問題地如常工作。他在某種程度上是對的：大量的不愉快情緒（焦慮、恐懼、憂傷）會癱瘓我們，讓人卡住。但假設傑克的焦慮全都消失了，他的情況就會變得更好嗎？他也許能更專注於工作，但他有放足夠的心思在妻子的安全上，記得去檢查車子的剎車嗎？他會有動力投入更多時間，準備一場重要的商業簡報嗎？或許不會。不愉快的情緒就像是疼痛接受器，警告我們留意有害或危險的事物，比如碰觸高溫火爐；少了它們，我們可能會燙傷。因此，焦慮雖然讓人痛苦，但它本身具有適應性，還能提示我們注意重要事物。

別被發燒給騙了，注意尋找感染處

傑克不是唯一這麼想的人。我在執業過程中遇見的每個人其實都想掙脫困境，活出更完滿、更健康、更勇敢的人生。可是我發現他們試圖脫困時，常找錯地方（如同我知道本書介紹的技能之前所做的那樣）。個案時常要我幫忙消除他們的焦慮、壓力、過勞、哀傷、恐懼或絕望。然而，儘管這些情緒讓人痛苦，但它們往往只是症狀，並不是我們面臨挑戰的根本原因。

讓我換個說法。想像你發高燒，所以吃鎮痛解熱藥泰諾。你的發燒會緩解嗎？很可能會。但不發燒的情形能維持多久？這得看你的身體對抗的是什麼。如果你染上的是小感冒，泰諾會有幫助，過幾天你就能恢復健康。可是如果你是細菌感染，泰諾能緩解高燒，卻無法治療感染。你可能需要不同種類的藥物，比如抗生素。泰諾只能處理症狀（發燒），卻無法治療眞正問題（感染）。

所以當傑克對我說：「盧安娜博士，我聽說妳很厲害，拜託妳快點讓這種焦慮消失。」我明白他發著以焦慮形式呈現的高燒，但我也從多年的研究和臨床照護得知，焦慮可能並非他感染的根本原因。

焦慮只是個案主訴的眾多發燒症狀中的一種。我也常聽見下列這些描述：

- 只要壓力減輕，我就能順心如意了。
- 過勞讓我快要撐不下去了。事情只要能安排得更好，我就會好過許多。
- 眞正的問題是老闆。要是他能聽進去我的話，我就不會陷入這等困境。
- 我下班回家後做不了任何有生產力的事，只想看電視或滑手機。
- 如果我丈夫不要都在公司過夜，我們的婚姻也不會破局。

- **我網路購物買到失心瘋，但克制不了。我好怕看自己的信用卡帳單。**

壓力、過勞、注意力不集中、婚姻觸礁、財務擔憂……這些都是眞實、痛苦的經驗，但究竟是什麼導致了這些問題呢？

問題仍舊是：感染的根本原因是什麼？我透過人生、臨床工作和研究學到的是，有一個共同點往往會讓所有人都陷入困境，我稱之爲**「心理迴避」**。

我們的敵人有名有姓：認識心理迴避

心理迴避指的是，對察覺的威脅做出能立即緩解情緒、卻會帶來長期負面後遺症的任何反應。爲了方便說明，我會在本書中稱這個概念爲「迴避」（坐穩囉，你會在接下來的內容裡經常看見這個詞）。簡單來說，迴避能讓人快速、短暫緩解不安，但從長遠來看終究會讓我們陷入困境。想像有支內在溫度計可以即時測量你的不安，數值從零（沉著、冷靜、鎮定）到一百（感覺你快要因焦慮、恐懼或壓力而爆炸）。溫度愈高，你就愈想將溫度降下來——你就愈想**迴避**。畢竟，誰願意感覺不舒服呢？

我在執業生涯中發現，要個案理解迴避形同「感染」的比喻並不容易，因爲不適本身（如焦慮、壓力、悲傷、過勞）往往才像是主要問題。消除不適，生活就會立刻好起來——這感覺簡單明瞭。但是問題並非在不適本身，而是我們**如何**應對這種不適。

心理迴避得付出實質的長期代價，因爲它會剝奪你活出勇敢人生的機會，阻止你實現自己的目標。你一旦開始逃避，就得一而再、再而三地消除這種不適，因爲不適就像恐怖電影中的惡棍，會不停攻擊你。如果我們選擇迴避，就是告訴大腦，應付棘手情況的唯一方法是逃跑，而非面對，這會強化自己對迴避的需求。你我都曾經歷過不適，日後也肯定會再次經歷它。你每一次迴避，都會覺得好過一點，可是**感覺**更好和**實際**更好是兩回事！

對傑克來說，讓他陷入困境的不是焦慮本身，而是他焦慮時所做的事。只要心臟開始怦怦亂跳，他就會透過迴避（取消會議或爲自己倒一杯酒）消除自己的不適。他每一次迴避，就能感受到些許輕鬆。他的心跳回歸正常，也可以繼續自己的生活。

傑克的行爲合情合理：誰願意走在路上感覺自己會心臟病發呢？可是他因此陷入了無止境的迴避循環中——迴避之所以威力無窮，是因爲從本質上來說，它眞的有效！它確實讓你很快就感覺更好。迴避在某種程度上有點像毒品，一旦你嘗過它的滋味、見識過它的效果，很容易會上癮。

我認識傑克的時候，他已經發現自己來到關鍵的十字路口，他生活的許多部分都受到影響。在職場上，傑克的營運長很沮喪，因爲他缺席、沒參與、似乎心不在焉，最糟糕的還是，她得替傑克做他分內的事。在家中，傑克的妻子開始擔心他酗酒、缺乏運動，還有疏遠孩子。她逼傑克去尋求幫助，否則她會離開。傑克的母親非常生氣，不能理解他的迴避。她認爲他不參加家庭聚餐是因爲把工作放在第一位，這讓她很生氣。迴避的感染隨著時日一久，會毒害我們生活的所有領域，如同它作用在傑克身上那樣。

有創意的迴避方法：約會帶來的不適

約會可能有點可怕（咱們實話實說，我們都曾經害怕過它），因此它是生活中經常出現迴避的領域。約會對我來說是痛苦的，因爲它擊中我擔心自己「不夠好」的痛點。所以我做了什麼呢？你猜對了，我迴避。我有好一陣子都沒去約會，後來朋友看不下去，幫我在熱門的線上約會服務平台開了一個帳號。雖然他們是好意，但我的迴避比他們的方法更精，因爲我從來沒打開過那個應用程式。何必去看了，然後發現我早就知道的事：沒有人想跟我約會。就短期而言，不看那個應用程式讓我覺得好過多了，但迴避了幾個月之後我清楚意識到，如果想擁有自己的家庭（我確實非常渴望），迴避約會不是一種有幫助的作爲。幸好我有一大票聰明的心理學家朋友，他們鼓勵我克服迴避（運用我會在本書介紹的技巧），最終我遇見了我的丈夫大衛。

我迴避約會的策略是明眼人就能看出來的那種，但我輔導過的許多個案就採取比較微妙的方式，盡量降低約會時的不適。比方說，胡安擔心沒有人會眞正愛他，所以做了跟我完全相反的事，好減輕這種不安。他沒有完全迴避約會，反而是約會了無數次。等等，這怎麼算是迴避呢？問得好！開始諮商時，胡安問了我同樣的問題。讓我們仔細剖析胡安的約會模式，看看他的方法究竟算不算迴避。

胡安喜歡結識新朋友，所以他安排和許多有趣的女性約會。因爲這些約會很有趣，他會連續安排很多場約會，有時甚至在同一個晚上排兩場。他的約會時間表排得太滿的結果是，如果想和某名女子第二次約會，往往得等到好幾週之後才有空檔，到那時，這名女子通常已經開始跟別人約會。其實，他的約會就只有第一次約會——而且是很多遍的第一次。沒錯，他是在約會，但是太害怕遭人拒絕，所以只進行第一次約會。每次約會後，胡安會暫時覺得好過些，但是擔心沒有人愛的恐懼很快就會捲土重來，爲了讓自己好過些，他會找另一個新對象約會，試圖忽略自己的恐懼。儘管這套迴避策略在他二十幾歲時很管用，但我們碰面時他已三十出頭，卻仍舊無法維持一段長期的關係，儘管這是他眞正想要的。他發現自己陷入迴避的泥淖中。

薇薇安剛出櫃，她對我說，她很困惑，明明跟很多女人約過會，卻沒有任何一個開花結果。當我問薇薇安這些約會的細節時，她難爲情地告訴我，她只跟自己覺得沒有吸引力的女人約會。起初我百思不解，吸引力不正是墜入愛河的一部分嗎？沒錯，她也認同。可是怕約會對象覺得她沒有吸引力，因此，與其檢驗自己的恐懼，她寧可刻意破壞這類約會帶來的機會。在她看來，和不吸引自己的女人約會，是保護自己不受傷害。儘管這個做法降低了她對約會的不安（暫時的），但是她的迴避策略不可避免地導致一段自己不滿意的愛情，或者愛情根本沒有降臨。

胡安、薇薇安和我全都陷入迴避中，我們三人應對約會不安的方法不同。雖然我們採取的**作爲**不同，但採取這些行動的**理由**是相同的。我們全都努力減輕自己的焦慮，也都付出了代價：我們全都沒得到自己想要的穩定戀愛關係。

對你是迴避，對別人未必

如果你正想找出生活中的迴避行爲，可能會質疑，刪掉自己的交友軟體自我介紹或用約會填滿行程表算是迴避？它可能是，但也可能不是。舉例來說，我的好友米拉很年輕，主要心力都放在事業上。她喜歡約會，也經常有很美妙的約會。其實，她最近和幾週前剛認識的人一起飛往墨西哥，玩得很開心。但是米拉跟這些約會對象說得很明白：她的事業最重要，那才是她想關注的事。米拉沒有迴避約會或投入一段互有承諾的戀愛關係，她只是決定把工作擺在第一位。她常常告訴我，等她三十幾歲就會改變這樣的安排，儘管時間會證明這是不是迴避，但至少目前我很清楚，她如何安排自己的約會生活並不會產生任何長期後遺症。

爲了說明相同的行爲對某些人可能是迴避，對其他人卻不然，讓我跟你分享另一個經常在我家上演的例子。各位已經知道，我從小就透過吃餅乾來調節壓力、焦慮和恐懼，尤其是在這些情緒特別強烈的時候。對我來說，只要吃餅乾，就能讓我感覺稍微好一點。猜猜下一次我感到有壓力時會想做什麼？你猜對了——吃餅乾。如果你曾有過情緒性進食的經驗，就會明白我在說什麼：焦慮升高，你開始覺得痛苦，吃下特定食物可以拯救你。

但是聽著，如果你邊吃餅乾邊讀這一章，請不用擔心。就像我丈夫大衛喜歡說的，吃餅乾不一定就是一種心理迴避。大衛喜歡甜食，如果可以，他每個整點都會吃一塊餅乾。他隨時都可以吃掉自己和兒子的甜點，但他焦慮或害怕時，卻從未下樓到廚房拿餅乾吃。餅乾對大衛來說只是他喜愛的東西，並不能緩解他的情緒不適。

我吃餅乾爲的是讓自己快點好起來，大衛吃餅乾則是因爲他喜歡餅乾。但光是爲了安撫情緒而進食並不足以定義我的行爲是迴避。這個方程式還有必不可少的第二項要素：進行這個行爲的代價（或長期後遺症）是什麼？某件事會被認定是迴避，它**必定**要付出長期代價，使你陷入困境。我從小至今一直透過吃餅乾麻痺自己的焦慮，導致我得終身對抗肥胖——其實我寫這本書的時候，體重超重了十八公斤左右。這種情況從未發生在大衛身上，他時常努力在保持體重。

實際上，所有的迴避策略都是我們特有的，無論它們多有創意、有趣或看似有用，卻總是讓我們陷入困境。因此，要克服迴避，首先得知道它在我們身上展現的樣貌。請回想過去一個月中讓你覺得不自在的某個時刻。當時你曾經做了任何事，試著讓自己迅速覺得好過些嗎？如果有，你是不是：

- 伸手拿酒？
- 拉起棉被蓋住自己的頭？
- 嗑藥？
- 找個沒說服力的理由待在家，不去約會？
- 拒絕在課堂上發言？
- 爲了逃避做簡報而放棄升遷的機會？
- 爲了避免難以啓齒的對話而離開你的另一半？
- 刪除朋友的簡訊，而不是回覆？
- 因爲不堪負荷，任由你的電子郵件堆積如山？
- 拿出手機，漫無目的地滑個不停？
- 上網購物？

雖然這些迴避策略做起來很輕鬆，但它們是有代價的。

迴避付出的代價

爲了迴避而付出的代價因人而異——關係破碎、夢想擱置、健康走下坡、工作表現下滑。偏偏，我在個案身上看見的是，這些代價通常都很高。米娜因爲害怕飛行，拒絕了一個必須經常搭機出差的晉升機會。索耶這一生爲了迴避悲傷，投入無數時間追求最新的養生風潮（冰浴、超級馬拉松、間歇性斷食——應有盡有）。但最終，他想消除生活中的悲傷這個追求，卻讓自己沒有餘裕擁有一份穩定工作或經營他非常渴望的深厚感情。羅傑李奧是位高權重的主管，爲了避免他一放慢腳步，就會產生「我動作太慢」「我永遠不會成功」「我不夠好」的想法，他把自己累得透不過氣來，瀕臨「神經衰弱」的邊緣。

綜觀這些例子，每個人都竭盡全力減少不適和焦慮，但是這些反應得付出實際的代價。我們付出的代價，讓迴避成爲阻礙自己實現理想生活的眞正敵人。

如果心理迴避才是真正的敵人，為什麼我會持續迴避？

現在來到你期待我說的——所有的迴避本質上都是不好的，並且提供你能徹底去除它的技能：事情不是這樣的。畢竟在生活中，迴避許多事物是有用且合理的，比如飢餓的鯊魚、惱人的響亮噪音，還有毒蛇。迴避其實主要是驚人的進化大腦試圖保護我們的結果。

人類大腦是複雜的機器，由許多小區域組成。這些區域透過一套網絡系統彼此溝通。①這些網絡內的信號掌管我們做的每件事——進食、呼吸、睡眠、記憶、作夢、思考，以及移動身體。但最重要的是，大腦網絡被設定成要透過偵測危險、預測可能的（尤其是負面的）結果，並學習在不同情境下什麼行得通、什麼不可行，確保我們的安全。②聽起來像是一份要求很高的職責清單，對吧？確實如此。

既然我們特別關注自己的敵人——**「心理迴避」**會在面對不適時現身，那就特別來瞧瞧情緒處理。情緒處理是一種複雜的心理行動，牽涉到許多不同階段和大腦區域。③第一個階段是知覺：當大腦感知到環境中出現某個刺激（可能是危險的刺激）。比方說，透過雙眼捕捉到所處環境的影像信號會傳送至大腦後方的枕葉進行處理。同樣的，傳入耳朵的聲音信號會被送到顳葉。接著，這些感官處理區域會將資訊送到掌管辨識與回應周遭環境的腦區。

負責回應環境的主要腦區之一是杏仁核（參照【圖1-1】）。杏仁核位於大腦中央深處，和情緒處理密切相關。④你一遭遇威脅（比如一條毒蛇），杏仁核就會立刻採取行動，向全身發送信號，不惜一切代價保護你。杏仁核在彈指之間不經思考便送出信號，啓動一連串生理變化，讓人感覺不舒服。

你的心臟開始快速跳動，確保有足夠的血液流經全身，讓你能隨時採取行動。同時間，你開始流汗，這會降低體溫，但也能讓皮膚變得濕滑，如果和想抓住你的惱怒穴居人搏鬥，這一點會很有用。血液會從任何非生存所必需的器官收回，也會從大腦流向四肢，這會讓許多人感覺頭暈或身體緊繃。你的胃也會停止運作。畢竟當你竭盡所能想在與盛怒的穴居人鬥毆中活下來時，實在沒有消化食物的必要。不幸的是，最後你可能會胃痛，尤其是如果剛吃完飯，有的人甚至還

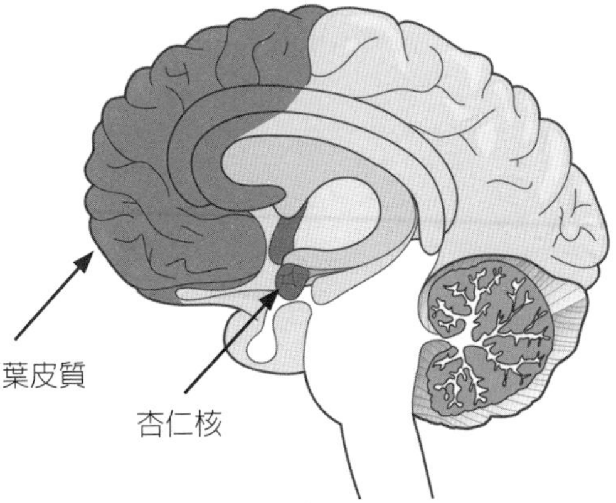

【圖1-1】迴避牽涉到的大腦區域

會腹瀉。誰說壓力很有趣？你的視野會變窄，集中在朝自己而來的攻擊者身上。由於視野變窄，你可能會看見一些光點。

這些生理變化全是為了提高你的存活機率，讓你做出戰、逃、僵反應的準備。但這些準備也需要大量的能量。因此，為了確保情緒腦有足夠能量讓你活下去，大腦會抑制當下不必要的其他一切功能，才能節省能量。前額葉皮質就是會被關閉（至少是某種程度的離線）的其中一個腦區。前額葉皮質是大腦高階思考的控制中樞，負責掌管心理學家所謂的「執行功能」，也就是決策、規畫和解決問題。⑤前額葉皮質是大腦相當重要的部位，你可能會納悶，爲什麼在危急時刻它大多是斷線的？因爲在命懸一線的處境下，冷靜和理性思考不如逃跑有用。

這種本能的大腦反應有很強的適應性。舉例來說，想像你一邊過馬路一邊發簡訊給朋友，爲晚餐遲到致歉。突然間看見一輛救護車朝你飛馳而來，你的反應可能會是下面哪一種？

A停下腳步沉思道：「噢，我看見一輛救護車一路朝我急馳。讓我想想……它是往西或東？嗯，這個嘛，太陽往那邊落下，所以我猜他們是朝北北東方向行進。不知患者要不要緊。天啊，希望沒事。也許是心臟病發。我聽說夏令時間這種狀況很常見。哇，我眞該跟心臟科醫師約個時間。」

或是……

B 大聲嚷著「該死！」的同時匆匆跳進路旁的垃圾桶中。

除非你是隨手翻閱本書，沒有仔細留意有哪些選項，否則我猜你會選B。面對生死交關的情境下，人類這種動物絕對不會開始進行理性思考，因爲我們的前額葉皮質很可能早已離線。你會**逃跑**，而且出於本能地跑得非常快。雖然穴居人不知道現代救護車的用途爲何，但是邊過馬路邊發簡訊的恐怖經驗，和公元前一萬年人類史前祖先遇到劍齒虎之間有直接連結。無論威脅來自疾馳的救護車或凶猛的大型動物，有件事絕對眞切：杏仁核永遠會表現得非常杏仁核。那些杏仁核反應不夠快的穴居人生存時間太短，無法將他們的基因傳承下去。換句話說，你我都是那些擁有神經質杏仁核的穴居人的後代。儘管因此產生的戰戰兢兢有時感覺像是一種負擔，但別忘了，大腦只是想保護你。

你的大腦發出假警報

你可能聽過面對危險，身體會產生戰、逃、僵的反應，但晚上十點收到老闆的電子郵件為什麼會讓杏仁核霸占你的情緒方向盤？因為大腦總是在聆聽。當它意識到威脅，你的情緒腦會急忙採取行動保護你——縱使這個威脅只是個**自覺威脅**。研究人員指出，即便是看見影中人表情很害怕的照片這麼小一件事（提示環境中有潛在危險），就足以觸動杏仁核，讓理性思考變得困難。⑥我們可能不喜歡某個同事跟我們說話的方式，或者上台後看見台下某個聽眾臉上的表情，但我想我們都同意，言語和想法造成的威脅，跟一輛救護車以時速一百二十八公里衝向你的威脅，兩者的猛烈程度並不相同。一個威脅到你的生命，另一個則是假警報——可是真該死，它感覺如此真實，不是嗎？這狀況對杏仁核來說尤其真切，它能敏銳察覺威脅，但在分辨真實威脅與自覺威脅上，卻是相當拙鈍。

讓我們回到那位穿著考究的執行長的案例來了解這一點。夜裡，傑克回到家中，心想「我永遠無法擺脫這股焦慮！」，陷入消極思想的漩渦中。這些想法無法對他的生活造成眞實威脅，但是它們確實引發眞實的不安，讓他的大腦認爲那是迫在眉睫的威脅。突然間，他的心跳愈來愈快，準備採取任何行動保護他（**快跑！攻擊！**），這時大腦開始告訴他：「情況不妙，你要心臟病發了！」身體的不適感在他腦中創造出更多負面的想法，這又會反過來產生更多的身體不適感。無論傑克面對的是眞實威脅或自覺威脅，他的不適症狀（心臟怦怦跳、冒汗、暈眩、焦慮）本質都是相同的。可是在自覺威脅的情況下，他的大腦將這些症狀當成危險，並直接得出他可能心臟病發的結論，使他的焦慮溫度計急速飆升。因此，傑克做了人類本能會做的事：找法子擺脫這種不適。在這案例中，他靠借酒澆愁來迴避。

值得注意的是，某人的杏仁核認爲是威脅的事，另外一人的杏仁核可能不這麼認定。比方說，心跳加快對傑克意味著心臟病發作，對我則往往代表我很興奮。同樣的，如果你和老闆的關係很好，一封晚間十點寄出的電子郵件並不會引發威脅反應。不過如果你怕老闆，那就幾乎肯定會。讓我再舉一個我個人的例子，我的大腦對某個評論的解讀激起全面的戰、逃、僵反應。

大約十五年前，在我學術生涯早期，有天我走進辦公室，有個同事臉上滿是笑容地說：「妳今天看來很拉丁女人欸！」

我心想：**她到底是什麼意思？**

當我本能的戰、逃、僵反應被啓動，血液湧入我的耳朵……

拉丁女人是什麼意思？

我的心臟跳得更厲害了……

是說我太胖嗎？還是我的屁股太大？曲線畢露？

我覺得頭昏眼花……

難道我不夠美國化嗎？我永遠無法融入哈佛……

這發生在我還沒適應學術圈的那段日子，可以說當時我還在尋找自己的專業認同。那時我並不覺得自己屬於那裡，很容易就被自己的不安全感擊垮。回想起這個片刻，我仍能感受到那股同樣熟悉的不快湧上心頭。

我沿走廊走著，時間過得很慢，我的心怦怦直跳，呼吸短淺。這實在太難忍受了！儘管我的腦袋一片混沌，但我知道需要做一件事：擺脫這股焦慮！

爲什麼我看起來很拉丁女人？我該如何融入？怎麼做才能覺得好過些？

我以龐德拆除定時炸彈那樣的急切迅速斷定，一定是因爲我的印花裙。這肯定是我看起來「很拉丁女人」的原因。我必定是穿錯衣服了！猜猜我當時怎麼做？我立刻回家換了套衣服。對，你沒看錯。我，一個在全世界最富聲望的機構工作的事業有成學者，只因爲同事隨口說了句無疑是善意的感想，竟然就在上班時間丟下工作，回家換衣服。

當時我面臨的是眞實的威脅嗎？並不是，但我的大腦肯定認爲那是眞的。在那不安的片刻，堅持衝回家換掉原本服裝的迴避作爲似乎是唯一的解決辦法（你絕對沒看過哪個人這麼堅定地穿上一件無聊的灰色襯衫！）。那天我穿著筆挺的灰色套裝回到辦公室，感覺自己異常強大，至少暫時是這樣。親愛的讀者，雖然你可能會覺得這很不合邏輯，但是我記得回到辦公室時，還心想著我已經解決了問題的根源！

現在我更像他們了！我很確定現在我能融入了……

雖然我暫時覺得好過些，但是那天我決定迴避帶來了一個長期的負面結果：

在接下來十年，我拒絕穿任何會被詮釋爲「拉丁女人」的服裝去工作！每次回到巴西老家，親友會公開質疑爲什麼我的衣服全是黑白灰（這是單調的美國企業界不冒犯人的標準色），我總是裝作沒聽見。可是我知道他們是對的，更重要的是，我喜歡色彩繽紛的服裝，而且我以身爲拉丁女人爲傲！但那時，我害怕自己不被接納的擔憂，讓迴避勝出了。

在缺乏適當訓練的狀況下，迴避是一股任何人都難以駕馭的強大力量。因爲如前所述，情緒激動的時候往往難以理性思考。即便我們可能認爲自己在這段時間的行爲是冷靜理性的，但事實並非如此。下回你和某人起爭執時，記住這一點。如果你感覺血液快速流遍耳朵，心臟在胸口狂跳，你的前額葉皮質很可能午休去了。就我的例子來說，我不禁納悶，如果我在上班時間衝回家換衣服，讓自己看來「不那麼拉丁女人」之前能暫停一下，讓我的前額葉皮質恢復連線，是不是就能少受許多苦？如果我停下來，讓自己的思考腦有足夠時間連上線，也許就能處理繞著這句意見打轉的感受與想法（對我的安全沒有威脅！），而不是用更換服裝來對抗我的不安。

現在你對大腦面對威脅和假警報的自然反應有了些許理解，就掌握了迴避的最後一項成分：自覺威脅。如果眞實威脅確實存在，而你採取行動避免這個威脅了，這麼做並不是心理迴避。心理迴避指的是對**自覺威脅**有所反應，雖能帶來立即的情緒緩解，卻伴隨產生長期的負面後果。當大腦感知到自覺威脅，我們體驗到的生理變化（心臟怦怦跳、冒汗、暈眩）就跟遇上眞實威脅是一樣的，甚至在我們能判別威脅是眞或假之前，這種不適就已發生。

由於每個人的迴避方式都是自己獨有的，你可以透過完成後文的反思，掌握自己的迴避策略。

由於我們的不適主要來自生理反應，所以很難徹底消滅它。一旦大腦感知危險，就會發布警報，但是我們要對抗的並非不適（雖然我必須承認，我自己也很討厭焦慮！），眞正的感染源其實是心理迴避。但是在學習如何對抗迴避之前，我想在下一章和你分享一個祕密。你知道自己早就具備一種超能力，能協助你追求勇敢嗎？讓我們揭開它吧！

反思

揭露我的迴避策略

停下來，想一想上次你覺得很不舒服的經驗。你能描繪那個處境嗎？你身旁有誰？你的身體有何感受？你的大腦是否預測將有壞事發生？

- 描述那個處境。

- 在這處境下，你做了什麼？

- 一旦你對那個情境和你的反應有了清楚的印象，請回答下列問題：

  1. **你的大腦在這個情境下偵測到自覺危險嗎？** □有 □無
  2. **在你有所反應之前，你感受到不適嗎？** □有 □無
  3. **一旦採取行動後，你的不適就快速減弱嗎？** □有 □無
  4. **你得爲這種模式付出某種代價嗎（也就是，高昂的價格）？** □有 □無

如果大多數問題的答案都是「有」，你找到了感染源：心理迴避。恭喜你邁開活出勇敢人生的第一步！

第2章
你從不知道自己擁有的超能力

每一本好書都需要惡棍和英雄，這本也不例外。你已經見過惡棍：心理迴避。那麼你可能想知道，誰會是英雄呢？劇透警告——你就是英雄！你可能會想，你又沒有擊潰敵人所需的英勇技能，這也許是眞的，至少目前是如此。但我這個尤達大師般的角色會照顧你，教你必需知道的一切。你雖然尚未具備那些技能，但確實擁有一件威力強大的重要武器：你的大腦。如果迴避是敵人，只要使用得當，大腦就是你的防禦系統。你的大腦百分之百有能力克服迴避，在面對不適時讓你勇於回應，不過它仍然需要一些訓練。這正是本書打算提供的技能。

你在本書中讀到的所有內容都是以認知行爲療法（CBT）爲基礎。一般認爲認知行爲療法是心理健康治療的黃金標準。①這是研究最深入的一種療法，波士頓大學心理學教授、情緒研究專家史蒂芬·霍夫曼和其同事指出，全世界有數百篇相關的研究。②認知行為療法經證實，能有效治療焦慮、憂鬱、飲食疾患、失眠、憤怒與攻擊、壓力，以及藥酒癮。它對世界各地的孩童、成人與年長者都有幫助。但是你不必患有心理疾病，也能從認知行為療法當中受益，因為研究指出，它也是增強韌性的一種方法。③

認知行為療法有許多流派。比如你可能聽過辯證行為療法（DBT）④、接受與承諾療法（ACT）⑤、認知療法（CT）⑥或認知歷程療法（CPT）⑦。這些方法各有不同重視之處，採取的策略也略有分別，不過它們全都總稱為「認知行為療法」。本書介紹的技能全都來自這些療法。

這些方法有個共同點是，它們全都倚賴名為**「認知三角」**的共同基礎。認知三角指的是在任何特定情況下，將想法、情緒和行為之間的關係概念化的一種方法。⑧我透過研究將這個概念調整成所謂的TEB**循環**（參照【圖2-1】）。⑨TEB循環顯示，我們告訴自己的內容（想法）會影響我們有何感受（情緒）和做些什麼（行為）。這個循環可以朝任何方向移動，移動速度通常非常快。TEB循環有助於我們理解迴避如何讓人陷入困境，也能當成讓自己脫困的技巧。

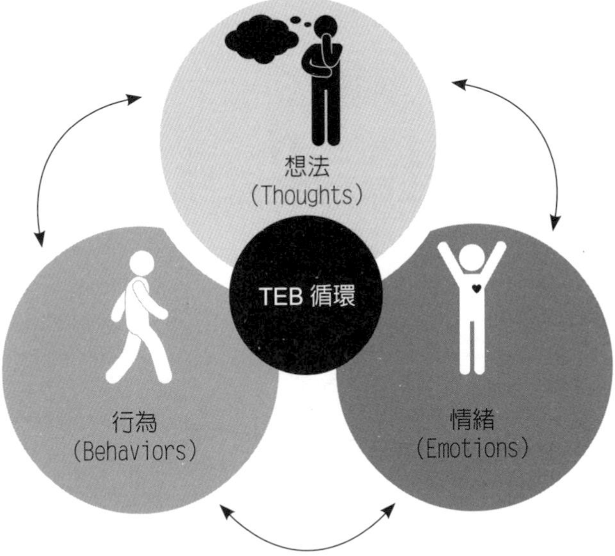

【圖2-1】想法（T）、情緒（E）、行為（B）循環

你不必因爲大腦在ＴＥＢ循環打轉，就陷入迴避狀態中。不停打轉只是生活的一部分，當大腦意識到危險時尤其如此。如果不停打轉並非長期迴避循環的一部分，這類打轉往往就會自行消散。比如就在今天早上，我兒子的學校打電話通知我，他在操場跌倒了。我對這個消息的內心經歷如下（參照【圖2-2】）：

情境：我手機的來電顯示出現迪亞哥的學校電話號碼。

【圖2-2】盧安娜博士不停打轉的 TEB 循環

情境：迪亞哥的學校電話號碼出現在我手機上

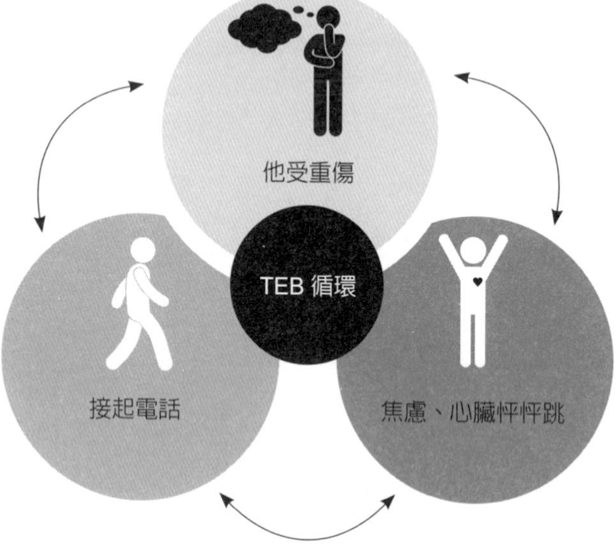

想法：他受傷了嗎？發生了什麼事？難道發生了什麼不好的事情嗎？

情緒：我心跳加速，覺得焦慮不安，呼吸有點急促。

行爲：我接起電話，劈頭就問：「發生了什麼事？」那位親切和藹的老師告訴我，迪亞哥在操場跌倒，撞到頭。

情緒：感覺心臟快跳出我的喉嚨、恐懼、焦慮不安。

想法：情況有多糟？他的傷有多嚴重？

行爲：我請老師慢慢告訴我事情發生的詳細經過。她讓我知道其實只是輕傷，但因爲迪亞哥眞的很難過，她覺得我最好還是來學校接他。

想法：什麼？去接他？如果只是輕傷，我爲什麼要去接他？她說的是實話嗎？眞的只是輕傷嗎？

情緒：焦慮升高。

行爲：因爲不確定她讓我到校接迪亞哥的建議是否合理，我進一步詢問。經過一番討論後，她同意讓他待在學校，要是過一會兒他還是無法冷靜，再通知我。

情緒：稍微舒緩。

想法：這是正確的決定。

行爲：回去繼續工作。

不過，當我們在迴避中不停打轉，可能會眞的陷入困境，這就是發生在我的個案法蒂瑪身上的狀況。法蒂瑪是很有才華的室內設計師。她發現自己在處理設計的最終版本時，經常會陷入不停打轉的循環中。她會對自己說：「我的客戶會討厭這個版本」（**想法**），這讓她感到焦慮（**情緒**）。當她的焦慮和無助感增強後（**情緒**），她會對自己說：「我以前的設計比這好多了，這個設計只是一般水準」（**想法**），導致失望（**情緒**）。隨著這個循環持續在想法和情緒之間來來回回，法蒂瑪變得愈來愈不安，最終導致她完全放棄這項設計（**行爲**）。將工作棄之不理後，她會感到短暫的解脫，可是大腦很快就會說出像是「妳永遠無法成爲了不起的設計師」之類的話（**想法**），讓她陷入深深的恐懼（**情緒**）。

法蒂瑪的大腦和第 1 章的執行長傑克類似，把「**我的客戶會討厭這個版本**」的想法視爲可能的威脅，並產生立即的焦慮。當她的情緒溫度上升，焦慮也會大幅增加，最終迫使她不得不停止工作。儘管這樣的緩解對法蒂瑪有幫助，但是她得付出長期代價，因爲她的拖延往往會讓自己趕不上工作期限，這又會讓她的某些客戶很生氣。對法蒂瑪來說，這已經變成一場分不清焦慮和迴避何者是因、何者是果的戲碼，導致她的拖延愈來愈嚴重（參照【圖 2-3】）。

當我們的想法對事情沒有幫助、情緒緊繃，或是行爲傾向迴避，就會像法

【圖2-3】法蒂瑪不停打轉的 TEB 循環

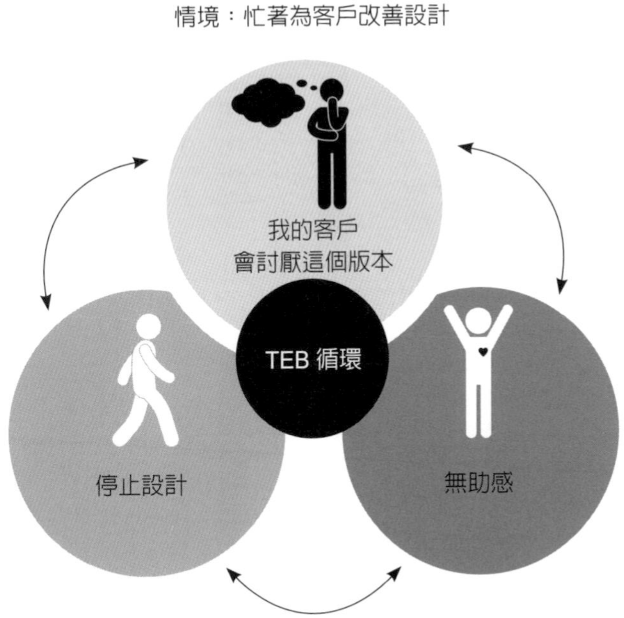

蒂瑪，很容易陷入不停打轉的TEB循環中。我們感受到愈多不適，杏仁核就會取得愈多控制力，也就愈難把問題想清楚，於是就陷入困境。這種情況常被稱爲**「杏仁核劫持」**，因爲正如字面描述的，杏仁核主導了你的生活。重要的是，要記得大腦只是想透過迴避不適來保護我們。世上所有人一定都會偶爾陷入這些不停打轉的TEB循環中。畢竟你已經知道，我們的敵人「迴避」很強大。

讓不停打轉的TEB循環暫停：打破迴避模式

陷入不停打轉的循環中感覺像是在遊樂園搭雲霄飛車——變幻莫測、緊張恐懼，還有點噁心反胃。可是你擁有停止打轉的力量——活化你的思考腦，也就是前額葉皮質，它具備**調降**杏仁核反應的能力。⑩

想運用這股力量，必須活化前額葉皮質。當杏仁核正在策畫全面的戰、逃、僵反應時，前額葉皮質通常神遊太虛去了。恕我過度簡化，我喜歡把前額葉皮質和杏仁核之間的關係想成腦中的迷你蹺蹺板，或是鐵軌切換器：杏仁核開，前額葉皮質就關，反之亦然。

當前額葉皮質被活化，杏仁核的控制力就會減弱，而你也會冷靜一點。當你冷靜下來，就能暫停。雖然這似乎不是英雄會覺得興奮的舉動，但**暫停就是你的超能力**。暫停讓你有機會推翻預先設定好的戰、逃、僵反應，等評估情勢後再做出勇敢的決定。暫停創造出擺脫迴避所需的空間。

幸好，科學指出有許多方法能活化前額葉皮質，其中一項是書寫，包括寫下你的ＴＥＢ循環。[11]爲什麼這能奏效呢？因爲書寫需要運用思考腦，正如數學、科學和弄清楚方向都需要它。因此，強迫大腦從情緒切換到思考，等同於打開了大腦的開關。

透過寫下ＴＥＢ循環所創造的暫停，是你將焦慮化爲力量的第一步。但是爲了達到這一步，你必須一再地練習。現在讓我們運用所有人都適用的情境，也就是閱讀本書（參照後文的反思）來進行首次練習。到此刻爲止，你已經讀了六十多頁，我敢打賭你的大腦已經有很多話想說，像是**這眞有趣，我才沒有迴避呢**。**她到底在說什麼？**還有**我從來不知道大腦對獅子的反應，跟害怕要求加薪的反應是一樣的**。根據自己的特定想法，你可能會有不同的情緒。舉例來說，假設大腦認爲這本書很有趣，你可能會覺得充滿希望。相反的，如果大腦說**這本書根本沒道理，我才不會迴避呢**，你可能會覺得灰心洩氣。依照自己的想法和感受，你可能會有不同的行爲：有些人會繼續往下讀，有些人會一再分心，還有些人會乾脆棄讀。因此，讓我們透過後文的反思，寫下你在循環中的反應，練習盡力將想法、情緒和行爲區分開來。

如果你完成了反思，恭喜！你剛做完第一次的「前額葉皮質運動」。我在本書中與你分享的一切全都是技能導向的，這表示練習是必要的。我常告訴個案：「你投入什麼，就會得到什麼。」現實是，如果不練習，就無法訓練大腦變勇敢——停下來克服迴避。就像你不運動是無法增加肌肉量的。所以我想邀請你在第一次學習TEB循環的時候，就算做不到每天，至少也要經常練習記錄你的TEB循環。我見過無數個案光是做這項練習，就能立即緩解他們的不適，並深入理解自己的迴避模式。你會注意到練習得愈勤，就愈有能力啟動暫停鍵，讓你的大腦慢下來，有餘裕可選擇自己的反應。我們無法控制情緒，尤其是處於全面戰、逃、僵的狀態下，但可以透過練習記錄TEB循環，學會控制自己的反應。

反思

觀察我的 TEB 循環

我希望你根據「閱讀《大膽行動》」這個情境，完成這個 TEB 循環。請針對下方的問題具體寫出自己的想法、情緒和行爲，確保你將想法和特定的情緒與行爲連結起來。

情境：閱讀《大膽行動》

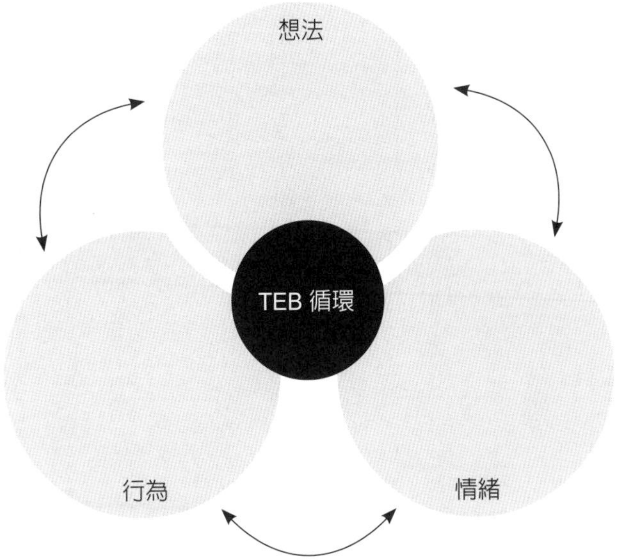

【圖2-4】

一旦完成這個練習題，試著觀察你這麼做的時候有何感受。把它寫出來確實讓你的大腦慢下來嗎？你感覺到自己可以集中注意力嗎？你的情緒有什麼變化？

由於練習是必要的，我想邀情你再做一次同樣的練習，但這次使用上週讓你感到不適的個人情境。請使用後文的反思幫助你觀察自己的TEB循環。

因爲你正在學習一項全新的技能，所以請對自己寬容一點：讓大腦慢下來是需要花時間的。不過爲了確保你能成功，以下是幾項指導原則：

- 先選擇引發輕微不適的情境練習記錄TEB循環。從不適程度較低的情境著手是有幫助的，因爲這讓杏仁核控制力較弱，要活化前額葉皮質並創造暫停也比較容易。
- 慢慢移動到更痛苦的情境。隨著情緒溫度上升，你會發現，要讓大腦慢下來變得有點難，但多練習就能讓它順利發生。即便你非常沮喪，這仍然會有幫助，只不過得花上更多時間（也許還需要一定程度的耐心），才能讓情緒腦放緩。
- 針對導致各種情緒（悲傷、快樂、中性——整個情緒光譜）的所有情境進行練習。其實它們全都會影響你的想法和如何反應，所以只要能捕捉到自己的大腦正在做什麼，無論哪種情緒都可以。

- 盡量將特定想法與特定情緒和行爲連結起來。這麼做不僅能幫忙大腦慢下來，也有助於具體理解是什麼導致了強烈的情緒。
- 如同上健身房運動，只要保持練習，就能緩慢但穩定地進步。

反思

觀察我的 TEB 循環

爲了觀察你的 TEB 循環，必須把焦點集中在引發不適的某個情境上。接著，在下方具體寫出你的想法、情緒和行爲，確保你將想法與特定的情緒和行爲連結起來。

情境：＿＿＿＿＿＿＿＿＿＿＿＿＿＿

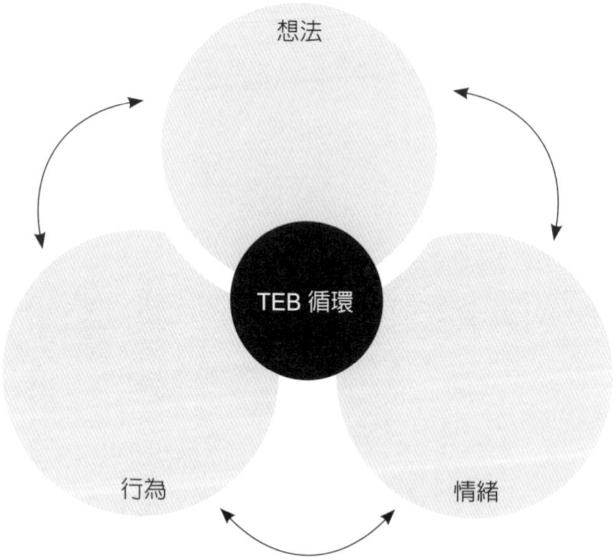

【圖2-5】寫下你自己的 TEB 循環

一旦完成這個練習題，試著觀察你這麼做的時候有何感受。把它寫出來確實讓你的大腦慢下來嗎？你感覺到自己可以集中注意力嗎？你的情緒有什麼變化？

化焦慮為力量：轉換觀點、接近、校準

現在你已經知道如何透過暫停TEB循環，啓動你的超能力——你的大腦。接下來該是將拼圖片拼湊起來，才能理解如何化焦慮爲力量。我在【圖2-6】中說明，大腦意識到危險時，有三條可能的回應路徑。無論我們是誰，一旦大腦感知到危險，就會活化杏仁核，使自己感受到某種程度的不適。生理機制不假思索就驅動這個歷程，因此這不是我們能介入的（【圖2-6】頂端）。

萬一遇到眞實的危險（【圖2-6】左側），比如遇見一條毒蛇，大腦會進入全面戰、逃、僵模式，使你動起來。一旦安全了，你的不適感就會慢慢下降。如果你的孩子過馬路時一輛汽車迎面而來，即使他們現在安全了，你的心臟也需要一段時間才能回復到基準線。遇上眞實危險的情況下，等到危險解除後，不適感會慢慢下降。

然而，大腦有時會對自覺危險做出同樣反應（【圖2-6】中間這道黑底白字路徑）。由於生理機制控制了這裡，你同樣會有戰、逃、僵的症狀。但因爲這裡處

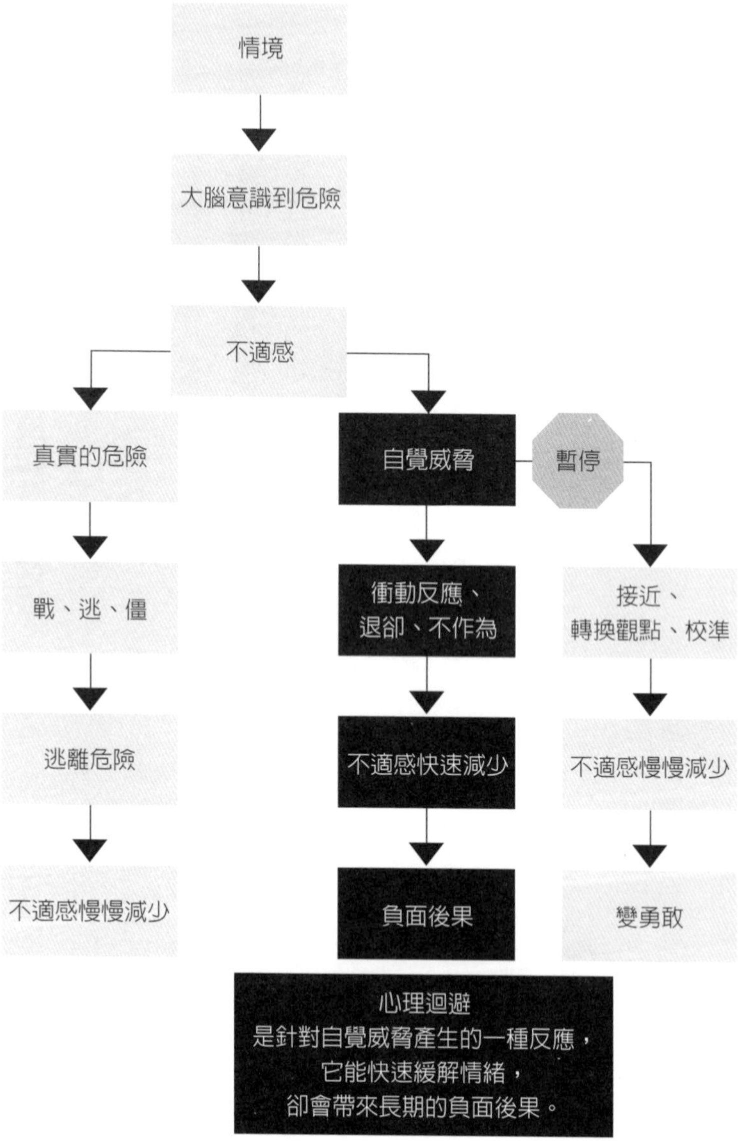

【圖2-6】真實的危險或假警報？

理的是自覺危險，所以我把這裡的戰、逃、僵反應稱爲「迴避的3R」，也就是衝動反應（React）、退卻（Retreat）、不作爲（Remain）。儘管呼應了相同的生理連鎖反應，但這條路徑最終會落入迴避的境地。

我們會在隨後的章節仔細探討迴避的3R，這裡先舉個例子說明這些因自覺威脅而產生的反應是如何走向迴避。

想像你在深夜收到一封電子郵件，寄件者是與你有過許多衝突的某人，比如上司、親人、父母、密友，或是孩子。當看見電子郵件主旨寫著「我們需要談一談，這很緊急」時，你的焦慮立刻升高，這時可能會採取下列三種方式其中之一。有些人感知到不適時很可能會**衝動反應**（**也就是戰**）。當你用衝動反應來迴避時，會不惜一切代價排除潛在威脅，這其實是你的焦慮。所以，如何透過反應性迴避（reactive avoidance）降低焦慮呢？你可能會不假思索地迅速寫好並送出一封輕率的回信。當你按下傳送時，就覺得好多了（至少我是如此！），但是第二天早上往往會很後悔，因爲你很可能說了非自己本意的話，或者你確實是那個意思，但用了很沒禮貌或不恰當的方式表達。

或者，你可能陷入**退卻**（**也就是逃**）的迴避形式中。當你退卻迴避，會設法遠離潛在威脅。在這種情況下，你可能根本不會打開那封電子郵件。你放下手機，打開電視分散注意力，在電視前放空讓自己覺得好多了。可惜衝突沒有長腳，第二天早上它還是在那裡，這可能會導致更嚴重的焦慮。

最後，有些人面對潛在威脅會**不作爲**（**也就是僵**）。如果你不作爲，最終會被潛在威脅困在原地。你發現自己陷入困境，不知道該怎麼辦，也許只是盯著手機瞧，卻沒有採取任何行動。僵的生理反應，與戰或逃略有不同，但這樣的迴避形式確實暫時會有幫助。

不論你偏好哪種迴避形式，這三種反應（衝動反應、退卻、不作爲）的運作全都是心理迴避，因爲它們是對自覺威脅所產生的反應，讓你暫時感覺好過些，卻會帶來負面的長期後果。

重要的是，別忘了這些迴避形式未成定局，你對自覺威脅的應對方式可能會依照具體情況而有所不同。比方說，我在工作上傾向於採用反應性迴避，但遇上人際衝突則是退卻迴避。全職媽媽露西亞對丈夫生氣時，常常會退卻，可是對象換成她的孩子，就變成衝動反應。重點不在於用什麼方式迴避，而是迴避會讓你陷入困境。

但迴避不一定總是勝出。另外還有一條勇敢之路（【圖2-6】右側），你可以在此學習將焦慮化爲力量。要這麼做，你必須先暫停TEB循環，創造出空間，這樣一來，你才能學會不迴避。寫出你的TEB循環起初有助於強迫暫停發生，但經過練習之後，它其實會自動發生在你身上。

你會在本書PART 2對退卻這種迴避形式有更多了解，它往往發生在我們陷入思考困境時。你會學到如何**轉換觀點**（shift），幫助你跳脫非黑即白的思維，進而克服思考造成的迴避。本書PART 3會討論用衝動反應來迴避。你會學到如何**接近**（approach）不適，克服這種類型的迴避。方法是爲自己擬定計畫，正面迎戰你的迴避，進而改變自己的行爲。最後，你會在PART 4了解以不作爲來迴避，比如待在你知道行不通的戀情中，或者繼續從事你不喜歡的工作。你會學到如何讓自己的行動與對你最要緊的事物（你的價值觀）**校準**（align），如此才能克服這類迴避。

雖然本書是按順序寫作，但是這三種不同的大膽行動無須按特定順序執行。該用哪一招，取決於你陷入哪種困境（比如**轉換觀點**對退卻尤其管用，**接近**則是我克服反應性迴避的首選），但是當你變得更勇敢之後，可能會發現自己在同一天以不同方式讓三種方法輪番上陣。這些章節不僅會告訴你迴避如何讓人陷入困境，也會說明每一類迴避背後的科學原理，並指出通往勇敢的道路。

啓動你的超能力的結果

迴避會勝出是因爲人類天生就想遠離不適，我們全都討厭不適感。但是情緒本身並不邪惡，就連負面或考驗人的情緒也不例外。讓我們陷入困境的往往是我們感到恐懼、焦慮或苦惱時所**做**的事。因此，任由情緒主宰我們生活的相反是學會調節情緒——活化思考腦，並依照價值觀行事。練習本書介紹的技能可以讓你培養出認知彈性（cognitive flexibility），這讓自己即使在生活冷不防給你出難題時，也有能力處理它們。

這眞有可能嗎？

幾年前，我有幸與芭芭拉．達利歐夫人（Barbara Dalio）會面，她是很了不起的女人與慈善家。達利歐夫人的慈善事業重點放在幫助關懷康乃狄克州內城區青年的組織上，這群人或疏離或與社會脫節。由於過去十年來，我所有的研究主軸全在訓練面對內城區青年的輔導專業人員，讓他們學習我將要和你分享的技能，這使我們立刻有了共通之處。達利歐夫人問了一個我的個案經常提出的問題（也許也是你此時心裡的疑問）：**這眞有可能嗎？**

她繼續追問，這些拿到滿手爛牌的年輕人（經歷創傷、逆境、忽視、酗酒、嗑藥）究竟能否眞正改變他們的大腦、爲大腦重新配線，讓他們的生活有所不同呢？我原本大可運用許多已發表的研究，包括我自己的研究，來回答她的問題（後來我確實這麼做了！），但是我告訴她：「如果我們不能改變自己的大腦，我就不會坐在這裡和妳會面。我遭遇過逆境和創傷，但我正要談論的技能讓我擺脫了困境！」

這並不容易，即使到了今天，要克服我自己的逆境史和大腦因此創造的故事，有時仍舊很艱難。不過如果我能做到，你當然也能。老子《道德經》說：「千里之行，始於足下。」你準備好跨出變勇敢的第一步了嗎？

PART 2

轉換觀點

第3章

大腦喋喋不休：退卻迴避

想像你剛搬進新家，發現需要一支掃帚來掃地，也需要一些新衣架好整理衣櫃。你要怎麼取得這些東西呢？我猜你會去附近的大賣場採買，絕不會細想它們來自何方，或者為什麼它們值這個價錢。在現代生活中，我們很少留意自己購買的物品背後有何來歷。不過我是親眼看著這些長大的。

早年我媽媽找到一份兜售衣架和掃帚的工作，我因而目睹幕後發生的事。回想起那段時間才發現，我媽媽很擅長談判。你可能不認為在挨家挨戶兜售掃帚和衣架的世界裡有多少協商餘地，但是看她和潛在客戶交手，就像是看麥可・喬登打籃球：真是神乎奇技。每當我陪著她上門兜售，她總是讓我覺得，她很享受說服某人讓她進門，然後心甘情願掏錢埋單的挑戰，因為她說服對方，他們買的可不是普通掃帚，而是以前所未有的最優惠價格，購得有史以來最棒的掃帚。

因此，我從小到大都認爲談判是理所當然的事。畢竟如果「更多」也在選項之列，哪個正常人會接受「較少」呢？尤其當你養活自己和家人的能力取決於如何透過一個又一個顧客，盡量提高你的薪水。或許文化也與此有關。在巴西，從香蕉的價格到汽車的開銷，每件事都能討價還價。可是搬到美國後，發現在巴西稀鬆平常、甚至可說是令人自豪的事，在我移居的國家竟然完全不恰當，這讓我大感震驚。

我清楚記得當年我還是個初來乍到的交換學生，需要一雙雪靴。我走進最近的一家平價連鎖鞋店瑋倫鞋業門市，試穿幾雙實用（而且買得起）的靴子。選定我要的那雙鞋之後，我開口要求減價五十美分。收銀員用這人瘋了的眼神看著我，可是從我的角度來看，雖然我英文說得不夠標準，但我哪裡有錯？瑋倫鞋業的店名就叫做「Payless」（付更少）呀。我怎麼知道在這種環境下不能議價？

在我來美國的頭幾個月發生了很多這類的事情。我和接待家庭出門時，每當我試著講價時，接待家庭就會滿臉通紅，彷彿我剛才做了一件非常失禮的事，讓他們以後沒有臉在公共場合出沒。我一再覺得自己活在一齣錯中錯喜劇中，只不過玩笑反而開到自己頭上。最後我才知道，在美國，顧客並非永遠都是對的，而且除非你置身二手車行，否則討價還價是件怪誕的稀罕事。

你可能會問：**談判**（**或不談判**）**與迴避有什麼關係**？這一切全是爲了說明當我在二〇〇六年進入勞動市場時，不談判對我來說還是很奇怪，尤其是牽涉到個人生計的事，比如薪水。可是我很快就知道，這對我大多數同事，男女皆然，都是一項重大挑戰。這也是我職業生涯中接觸過的絕大多數個案都關切的不變主題：即使只是稍微**想**到要進入談判戰場，都會在他們的杏仁核引發十二級火災警報，導致他們寧願接受較低的薪資，也不願（倒吸一口氣）與另一個人暫時處得不愉快。聽起來很熟悉嗎？應該不陌生，這就是典型的迴避。

當大腦說我們沒有能力處理談判，它會讓我們感到不舒服，因而放棄談判，這種情況其實就是**透過退卻來迴避**。退卻指的是，遠離大腦認定的危險情境（如衝突、談判等），結果能使你暫時覺得好過些。我們對自己說的話（例如：**我不值得加薪**）往往在說服自己「退卻是唯一解決方案」上發揮巨大作用，但退卻總會產生長期的負面後果。

在我們更深入探討這種迴避形式之前，我想再提供一些例子，以下這些行爲往往是退卻的表現——對有些人來說，這些可能就是另一種形式的迴避。別忘了，這些行爲必須付出長期的代價，才算是迴避。

退卻

以退卻來迴避的策略，其主要特徵是，遠離任何讓你不舒服的事物，這樣就能暫時快速緩解不適。你可以透過實際走開，達到退卻的目的，也可以透過向內走，專注在念頭上，以隱晦的方式遠離那些情境。以下是如何透過退卻達成迴避的範例：

- 在困難對話中別開目光。
- 改變對話主題。
- 過度運動。

- 任由電子郵件堆積。
- 延後小任務。
- 重新安排不需要的會議。
- 拿起一杯酒。
- 取消約會。
- 安排許多活動，逃避回家。
- 瀏覽社群媒體。

大腦可能是個混球

讓我們看看關於談判的想法是如何讓我的同事陷入困境。我在哈佛女性領導課程上遇見珍妮特，我當時演說的內容是運用經科學實證的技巧，幫助女性在高風險對話中取得成果，進而讓身爲領導者的她們提升溝通能力。後來發現珍妮特和我在同一家機構工作，而且服務多年。雖然隸屬不同部門，卻面臨類似的挑戰，這使我們一見如故。

珍妮特在課程中場休息時間以禮貌但緊急的方式問我，她可不可以跟我說一件私事。我們在會議中心找了一處安靜的角落，她對我說，過去三年，她一直在等待合適的要求加薪時機，卻無法強迫自己這樣做。珍妮特是非裔美國人、單親媽媽，這次加薪對她和三個孩子意義重大。她顯然很在乎這件事，因爲她覺得自己沒能好好賺錢養家。她想繼續往下說，但聲音卡在喉嚨裡。等她抬起頭，我看見她眼裡噙著淚水。我在許多類似的個案臉上看過這種滿是羞愧與絕望的神色（甚至是我媽媽在她最低潮時）。我對珍妮特的處境心有同感，可是我們馬上就得回去上課，於是我邀她下週在醫院一起喝咖啡，屆時就可以多聊聊，看看我能不能幫忙她擺脫困境。珍妮特笑了，一種暫時解脫感掠過她的臉龐。

隔週，珍妮特冒著波士頓早冬的暴風雪來我辦公室喝咖啡，與我分享她的故事。她原本是受過訓練的護理師，後來轉任行政職位，負責管理醫院的大量醫療業務。她在該部門已經待了十年，非常喜歡她的同事。這個團隊的關係很緊密，珍妮特被視爲能幹且深受愛戴的主管。在這十年間，珍妮特的上司換了好幾人，目前她的頂頭上司是一名白人男性。據她描述，此人很善良但令人生畏。珍妮特說：「不知道是不是因爲我們很不一樣，總之我有點怕他。」

「妳說的不一樣是指什麼？」我不想驟然斷定。

她笑了，緩解了緊張的情緒，她朝自己比了比說：「這可不是仿曬劑噴出來的。」她接著說道：「不過，除了他是白人，我是黑人的事實外，還有更大的差異。我是護理師出身，他是醫師。我是單親媽媽，得努力撫養三個孩子，他的經濟狀況良好。感覺我們來自完全不同的世界。」

我能體會，因爲在職業生涯中，我常感覺自己和許多頂頭上司，無論男女，截然不同。我來自具有不同文化規範的發展中國家，發現自己時常處於不穩定的財務狀況中，因此能理解這些差異有多明顯。可是從臨床的觀點來看，我感覺這些恐怕不是珍妮特內心深處眞正妨礙她要求加薪的原因。我確定她相信它們是，可是探討迴避策略時，個案往往看不見眞正的動機。我決定深入探究珍妮特一直告訴自己的故事以外的事，我要求她詳細說明：當她考慮要求加薪時有什麼樣的感受。

「我立刻覺得焦慮、害怕，有時甚至一無是處。」

我說：「所以光是出現要求加薪的念頭就會讓妳覺得很不舒服。妳還記得當感受到那些情緒時，妳對自己說了些什麼嗎？」

停頓了好長一會兒後，珍妮特口中冒出一陣陣思緒：

我不夠努力。我應該更常留下來加班。

我的工作品質並不完美。

在新帳務系統上線時，我犯的錯誤代表我做事馬虎。

我應該去進修，取得學位。也許是我的教育程度讓自己陷入困境。

加薪永遠輪不到我。

我會永遠困在這份工作當中。

我眞是失敗——要是表現好一點，就會被加薪了。

我一無是處。

當淚水從珍妮特的臉上滑落時，我向她保證，許多個案告訴我和她類似的故事，而且我明白這些念頭讓她多苦惱。我問她：「這些情緒和痛苦的念頭突然襲向妳的時候，妳通常會做什麼讓自己好過些？」

「我會查看手機或滑社群媒體，試著推開這些念頭，我盡量不把注意力放在這上頭。我會暫時覺得好過些，但這些念頭總是會回來。我眞希望自己鼓起勇氣要求加薪，可是我做不到。只要想到這件事就讓我心痛。」

珍妮特的「加薪永遠輪不到我」這類想法的威力強大，導致焦慮、眼淚和不適。她因此做了能讓自己好過些的事：透過分散注意力將它們推開。短期來看，我們都能讓自己遠離腦中的惱人念頭。然而，這種循環在過去三年裡一再重演，帶給她嚴重的經濟壓力，讓她覺得自己身爲家中經濟支柱表現得很糟糕。

珍妮特並不孤單。國際人力資源機構任仕達美國（Randstad US）在二〇二〇年進行的一項調查指出，六〇%的美國女性從未就薪酬進行過談判，①就算她們要求加薪，成功的機率也遠低於男性。②其實最近有一項全球整合性研究發現，男性提出薪資談判的次數是女性的一．五倍之多，③而且價碼也很高。數據顯示，美國女性在二〇二〇年的所得是美國男性的八四%。④有趣的是，提出薪資談判和薪酬的性別落差一直在縮小。⑤我的確遇過相當多男性也有難以開口要求加薪或談薪水的困擾。

在我與珍妮特初次談話結束時，她對我說：「妳有沒有覺得自己的大腦很難相處？」

我向珍妮特保證：「我有。」我告訴她，實情是，如果我們用對自己說話的方式跟朋友交談，可能會落得沒有半個朋友的下場，因爲他們全都會轉身離去！

「但推開自己的想法，偏偏就像是我對妳說：『別去想一頭白色大象。』結果會發生什麼事？」

珍妮特笑著回答：「我會看見那頭白色大象。」

這個現象是心理學家所謂的**「思考抑制」**。試圖壓抑自己的想法，偏偏只會讓你愈來愈來想它們。⑥當惱人、無益的相同念頭一再湧現時，它們就會**助長**我們迴避。

珍妮特被困在不停打轉的TEB循環中。每當她想做某件事，比如要求加薪

（**情境**），她會對自己說：「我的工作品質並不完美」（**想法**），這讓她覺得焦慮（**情緒**）。隨著這個循環持續，最後她會哭泣，試著抓起手機、滑社群媒體，避免去想她的工作（**行爲**）。問題是，試圖迴避自己的想法，只會讓它們回來時變得更強烈，這讓她感覺更糟，她的迴避策略也會招致長期後遺症。

我從未遇過有人的大腦不會時不時以一種「不甚理想的」方式對自己說話。見鬼了，我的大腦每天都這麼做：**約翰眞的很氣我，因爲我沒回覆他三天前發的簡訊。大衛會殺了我，因爲我居然沒先問過他，又籌畫了一場派對，他肯定會氣上好幾天。我不該在寫書的截稿日前安排度假行程，我太衝動了。無論我多努力試著完成這本書，它就是永遠無法完成。迪亞哥怎麼能發這麼大的火呢？他無法控制自己的情緒，這全是我的錯……**這串發言綿延不絕……有時候非常大聲，有時候很輕柔，但是大腦永遠都有話要說——至少我的大腦是如此！而且這些想法……它們甚至有**名字**。

這些本能反應的想法會自動產生，又令人非常難受，心理學家稱之爲「認知扭曲」。簡單來說，認知扭曲是心理過濾器，時常會扭曲我們面對的現實。由於大腦會在同時間處理數百萬條訊息（下一章會詳細探討這一點），因此有時候大腦會在邏輯上走捷徑。當它這麼做的時候，我們可能會對這世界產生扭曲的觀點，也由此得名。認知扭曲有很多種類型。

認知扭曲的常見類型

- **讀心術**：自認可以解讀別人的想法，進而知道他們正在想什麼。
- **災難化**：立刻跳到最壞的可能，並假定你無法忍受這種結果。
- **情緒化判斷**：運用情緒詮釋現實（我感受到，因此它必定是千真萬確的）。
- **針對個人**：認定某人說的話或別人做的事都是針對你，而且都是你的錯。
- **應該**：使用「應該陳述」與自己交談，這麼做最終會讓你用負面眼光看待事情。

● **非黑即白的思維：**只用二元對立的選項看待這世界（全有或全無，沒有任何灰色地帶）。

如果你仔細觀察珍妮特的認知扭曲，就會看見她時常陷入「針對個人」的困境。如果工作上有事情出了差錯，或者不完美，她的大腦會立刻跳到「這是我的錯」。對珍妮特來說，爲這些想法命名讓它們變得不那麼可怕，也能提醒她或許、只是或許，它們並非實情的全部。

輪到你囉：運用後文的反思，試著辨識你的認知扭曲，並且爲它們命名。

困在別人的童話故事裡

談到退卻，由於內心的自言自語而迴避談判，並不是我們陷入困境的唯一原因。來認識我的個案莎拉：她對自己的扭曲深層信念，阻礙她成爲眞實的自己。

反思

練習爲認知扭曲命名

設想一個讓你覺得不舒服的情境，接著自問：**我會對自己說什麼？**一旦確定具體的想法，試著爲它們貼上扭曲的標籤。務必參考前文的清單，幫助你爲它們取名。關於爲自己的扭曲命名，請容我提醒一句：這些類別並非互不相容，同一個想法有時可以被標示爲幾種不同類型。不必吹毛求疵，選一個就好！

情境：____________________________

具體想法	**認知扭曲類型**

莎拉在一個充滿愛的美國中產階級家庭長大，這個家庭在各方面都很傳統，以宗教價值觀、教育和努力工作爲中心。她的父親早年從軍，從職業道德到性別認同，對每件事都抱有堅定的信念。他是個愛家的男人，願意爲家人做任何事，可是他的世界觀像是硬化的水泥。相較於莎拉的父親，她母親比較懂得變通。她相信無論其他人怎麼想，每個人都有權利追求自己的夢想。她認爲人生苦短，無須爲了別人對你的看法發愁。儘管有這些明顯的差異，莎拉的父母在相互理解的基礎上維持著美好的婚姻。他們結縭已久，知道自己無法改變對方，而且他們不同的性格形成了很好的平衡。

莎拉是個優秀的學生，雖然她說自己很內向，但她有一小群死黨朋友。她在高中時完全不約會，等到畢業舞會來臨時，她決定不參加。穿著別緻長禮服獨自前往的想法對她沒有吸引力。雖然朋友眞的很希望她到場同樂，但她就是無法說服自己接受這件事。上大學後，她的生活從各個角度來看都走在正軌上——至少在外界看來是如此。

然而，她內心有一場戰爭持續進行中。從中學開始，她發現自己變了。她並不在乎班上的男同學，當她對自己完全誠實的時候注意到，自己更喜歡女生。這讓她困惑。因為打從有記憶以來，她就是父親的心肝寶貝，是他的公主。順著這個邏輯，她時常會想：**然後公主會嫁給王子**。她用父親的觀點構築自己的內心世界，她把自己的感情推到一旁，專注於課業和朋友。然而，戴著面具的代價變得愈來愈大，她在波士頓地區一所知名大學就讀的第一個學期差點就被二一。我就是在這個危機關頭第一次見到她。

莎拉走進我的辦公室時看起來滿腹憂傷，彷彿挑著一個很沉重的擔子。開始談話後，莎拉問了很多關於我的工作和一般治療的問題，而且似乎特別關切保密問題。當我向莎拉保證只要符合醫療和法律規定，我一定會為她保密之後，她才開始傾訴自己的故事。

我得知莎拉很早就對女孩感興趣，還有她擔心自己的性傾向，以及如何因為母親的天主教信仰和父親期望她是他的小公主、尋覓著白馬王子的看法，因而壓抑自己的感情。她說自認是女同性戀者，但之前從來沒有告訴過任何人。我想這對她來說必定很艱難，因為她已經十八歲了，卻只能向一個發誓會保守祕密的陌生人出櫃。我請莎拉告訴我，當她想像自己向雙親出櫃、說出她的性傾向時，她腦中會閃現哪些想法。面對這個提問，她一副要吐的樣子。

她盯著我看了一會兒，用這想法未免太荒謬的語氣說：「我永遠無法向父母出櫃。」

我用我倆心知肚明的事反問道：「聽起來這個想法讓妳害怕。」

她挖苦地笑著說：「妳眞敏銳。」

我笑了，接著說道：「正因如此，妳認爲向父母坦承自己的性別認同是不可行的。妳爲什麼會這麼想？」

她問我：「妳瘋了嗎？妳知道如果在我家提起這件事會有什麼後果？」

我聳了聳肩。「說來聽聽。」

「我爸會和我斷絕關係，我媽會認爲我被惡靈附身，要我每天跟她上教堂驅魔。這會是一場災難。」

「聽起來妳認爲如果向他們出櫃，就會失去他們。我明白妳爲什麼害怕了！畢竟，誰希望失去自己最深愛的人呢。」

在我向莎拉保證她的擔憂是合理，而且懂她為什麼這樣說之後，她看起來稍微平靜了些。這裡很重要的是，我必須讓莎拉明白，我並**不是**說她的擔憂是不理性的。其實，她對於自己出櫃後家人可能反應的一些具體憂慮，很可能是眞的。我的建議是，我們需要仔細考量她對自己說的話，才能發現她對這個情境的想法是否會引發迴避，讓自己陷入困境（而不是面對客觀的眞實後果）。換句話說，我想找出導致她情緒溫度上升，結果讓她唯一的選項就是迴避的特定陳述。

一旦確定之後，我接著徵求她允許我，探索提到出櫃時閃現在她心中的其他想法。因此我問莎拉：「想像妳回家過年，剛要和父母坐下來，告訴他們妳是女同志。妳的腦子裡會立刻出現什麼想法？」

他們會討厭我……

我爸再也不跟我說話……

我哥會嚇死……

我媽會認為我有問題……

如果他們是對的，怎麼辦？如果我眞的有問題？

我毀了，我支離破碎……

此時，莎拉淚流滿面。我看了看桌上的時鐘：會談開始還不到十分鐘，她已經在哭。我無法想像她在我們會面期間是怎麼把這一切藏在心裡的，更別提她之前是怎麼辦到的。

我問她：「那麼，要是妳眞的支離破碎呢？接下來會發生什麼事？」

莎拉絕望地看著我。「這表示我會一輩子孤獨無伴，沒有人會愛我。」

天啊！我心想。這就是爲什麼我會做這一行！享受與身陷危機的人交談是一件怪事，但我想，這感覺跟F1賽車手以時速二百四十公里成功殺彎是一樣的。

我們繼續。

「所以對妳來說，出櫃這個想法從**他們會討厭我**延伸到**我支離破碎**，再到**我是沒有人愛的**，是嗎？」

「沒錯。」她滿臉羞愧地說。

「唉，難怪妳會對自己說永遠不會出櫃！聽起來這些思緒轉變得太快，讓妳剛考慮把一些很私人且重要的事告訴家人時，就突然陷入妳會落得孤獨無依、不值得被愛的想像中。妳**當然**會覺得難以忍受！」

我看得出來莎拉覺得自己完全被孤立，所以我跟她說，她其實並不孤單，我以前在許多個案身上看過這種狀況。我告訴莎拉，念頭漩渦就像她方才跟我分享的那個狀況，它導致如此強烈且往往令人不快的感覺，使人最後**遠離**了對自己最重要的事物，而非**走向**它們。因爲害怕失去父母，莎拉寧可讓父母不了解她。可是她擔憂的事，其實是她迴避告訴他們眞相所造成的。

剝去層層的洋蔥皮

如果像莎拉那樣對自己說：「我爸再也不跟我說話」，你會有什麼感受？焦慮？傷心？沮喪？我敢說這取決於你和父親的關係。但先想像一下你們關係良好，再也不跟父親說話讓你有何感受？對莎拉來說，這會帶來眼淚、哀傷和恐懼。但當我更進一步探究她對自己說的話時，結果發現她有一個更深層、讓她更害怕的信念：**我是沒有人愛的**。心理學家稱這種會過濾我們世界觀的深層信念為**「核心信念」**。⑦

核心信念是我們在人生早期根據所有的經歷，形成對自己、他人和這世界的整體觀點。不妨把它們視為一個廣泛的類別，能將我們的所有認知扭曲歸為單一（有時非常痛苦的）類別（參見後文列舉的常見核心信念）。認知扭曲就像洋蔥的外層，而核心信念多半位於中心。當你剝開洋蔥，會先接觸到自動化思考，慢慢往內觸碰到根深柢固的信念。

依據我們的成長環境和生活經歷，會發展出不同種類的核心信念——有些是正面的，比如「我值得被愛」，有些則是負面的，像是「我是沒有人愛的」。

就我來說，被慈愛的媽媽撫養長大，她窮盡所有可能確保我能茁壯成長，這讓我對自己說，**我值得被愛**。然而，成長過程中的混亂，加上父親遺棄我們，以及自認沒能維持完整的家，都讓自己相信**我不夠好**。莎拉最後對自己說，**我是沒有人愛的**。正面的核心信念往往能幫助我們強化自尊，推動我們在生活中往前邁進，負面的核心信念則會讓我們陷入迴避之中。別擔心，你會在第 5 章學會**轉換**負面信念，並且建立更多的正面信念。

一旦鞏固了任何**核心信念**——有時甚至不是有意識這麼做；它只是我們小時候理解周遭世界的產物——我們往往會維持它，而且嚴格來說，我認爲核心信念是**有色眼鏡，大腦會透過它們過濾訊息**。下一章會深入探討核心信念過濾訊息背後的科學原理，這裡我想你就把它們想像成自己已經配戴許久的有色眼鏡，久到你都忘了它們的存在，即使它們可能會引發許多迴避，而這就是爲什麼我們要仔細研究它們。

負面核心信念的例子

- 我不夠好。
- 我不信任別人。
- 我一無是處。

- 我配不上任何事。
- 我是沒有人愛的。
- 我無趣又乏味。
- 我受傷了。
- 我很笨。

正面核心信念的例子

- 我值得被愛。
- 我充滿希望。
- 我很風趣。
- 我很樂觀。
- 我很寬容。
- 我意志堅定。

- 我很好。
- 我有鑑賞力。
- 我很友善。
- 我很健康。

看看前文提到珍妮特的認知扭曲，你認爲妨礙她要求加薪的核心信念可能是什麼？沒錯，答案是「我一無是處」。在很沮喪的時候如果能花時間逐一寫下我們的想法，而不阻止自己，往往可以從自動化思考（比如認知扭曲）寫到更深層的核心信念。我必須採用這套技巧，才能找出哪個核心信念讓我撰寫本章的時候陷入困境。

我真的忙到沒時間寫作嗎？

今天早晨，當我坐下來寫這一章時，腦袋一片空白。我盯著電腦螢幕，一個字也寫不出來。思緒在我腦中不停盤旋：

我想對這世界說什麼？誰會在乎我的想法？有人會讀嗎？

身爲新手作者，這些想法眞的戳到我的痛處。隨之產生的焦慮是如此強烈，讓我從椅子上跳起來泡了一杯茶，想讓自己平靜下來。當你囤積了各式各樣的茶葉，光是選出合適的茶葉這件事就是個漫長艱難的決定。這是既能迴避，又**能**拖延的好辦法！等喝完茶，我決定絕對要檢查電子郵件。不是因爲我在逃避（笑），而是因爲，**嘿，我是作者欸！要是編輯寄給我一封重要郵件，附上要我修正的內容怎麼辦？**

當然，這完全無視我之前承諾至少得寫完一頁才能查看電子郵件，可是我的大腦不願放棄！

要是有跟出書相關的緊急電子郵件等著我回覆怎麼辦？我一定……要檢查……

電子郵件。

就這樣，我查看了幾乎空空如也的收件匣，感覺也好過一些，因為我的焦慮程度略有下降。嘿，迴避棒極了！

接著我開始寫作一分鐘，也就是盯著電腦螢幕，動也不動……

妳這個沒有才華的作家！妳根本沒在打字！

焦慮再次陡然驟升。快！迴避！

嘿，妳可能只是餓了？吃點吐司也許能讓寫作的手指動起來喔。

啊姆啊姆。吐司。撫慰人心的美食！

我終於回到辦公室。我看了一眼時鐘，意識到：**媽呀！早上的寫作時間只剩下三十分鐘了！**

啊啊啊啊啊～～更焦慮！更多負面的自言自語！更加不安！

最後，我突然意識到這有多諷刺。我正寫到不舒服的想法如何導致人會迴避事物，卻渾然不覺我正在這樣做！（抱歉吐司，我無意冒犯。）

因此，我做了自己建議所有個案這麼做的事：在想法出現時，寫下它們，然後找出問題的核心。

以下是我的大腦說的話：

我累了，今天腦子不靈光，我寫不了。
個案的故事不夠精采，大家會覺得這本書很無聊。
要是我敘事的方式冒犯了誰，怎麼辦？
要是大家認爲我是個差勁的臨床心理師，怎麼辦？
要是大家發現我害怕這本書寫得不夠好，怎麼辦？
要是我無法如期寫完書稿，怎麼辦？
要是我永遠無法寫完這本書呢？
要是編輯覺得我很蠢呢？
我永遠不會成功。
我眞是個失敗者。
我永遠不夠好。

我泛著淚向過去的核心信念「我不夠好」打招呼。但至少我找到了導致自己迴避的敵人。你無法對抗自己不了解的敵人。

正視敵人

我不想騙你：揭露自己的深層信念這過程很痛苦，你得暴露出許多脆弱之處。我自己多年來一直逃避這麼做，但迴避的狀況惡化得很快，所以我想邀請你花點時間靜下心來，運用後文的反思練習找出自己的有色眼鏡。我的個案找出自己的核心信念時，通常會有兩種反應：淚流滿面（有時甚至帶有些許輕鬆感），不然就是想以最快速度朝反方向跑（快迴避！）。試試看吧！不過容我提醒一句：我們全都有正面和負面核心信念。這項反思練習聚焦在負面核心信念上，因為它們會讓我們陷入困境。可是別忘了也看看能夠強化自尊的正面核心信念。

反思

找出你的有色眼鏡

掌握會扭曲自己世界觀的有色眼鏡，對於克服迴避非常有幫助。撥出一點時間安靜專注在這項反思上，拿出紙筆，按照以下步驟找出你的有色眼鏡。請設想一個讓你感覺不舒服、想逃避、想盡快遠離的情境。

1. 描述這個情境：

2. 自問：「在這個讓我很不自在的情境下，我會對自己說什麼？」寫下你在這情境中出現的幾個想法。

3. 一旦辨識出它們之後，挑出其中一個想法，根據它回答下列問題：
   - 這個想法對我意味著什麼？
   - 這個想法說明關於我的什麼事？
   - 如果這個想法是眞的，那又會怎樣？
   - 我爲何擔憂這個想法爲眞？
   - 爲什麼這會讓我如此心煩意亂？
   - 這對我說明了什麼？
4. 將答案與前文的核心信念清單相對照，看看能否找出可能是你的有色眼鏡的一（或多）個核心信念。

退卻何時不是迴避？

在結束本章之前，重要的是要了解並非每個想法都會導致迴避。說白了，面對眞實危險時，逃跑並不是迴避，而是適當的行爲。或者，假設你和家人發生激烈的爭吵，你要求暫停、離開現場想一想。要求時間思考、反省和處理問題並不是迴避，而是很好的應對技巧，也是非暴力溝通的有力工具！我經常使用的另一件工具是，當迪亞哥調皮闖禍時，我會離開現場透透氣。有些讀者也許能懂五歲小孩做的事有時快把人逼瘋了。比如有一次，迪亞哥拿著一大袋鬆餅粉精心地灑滿整張客廳沙發。我的理智線當下完全斷裂。在這種時候，我的最佳策略是暫時走開一會兒（或好幾個一會兒），等到冷靜下來再和他互動。離開不適，讓自己平靜下來，才能成功重新交手，這並不是迴避，因爲不適並沒有消失！

拉動開關，擺脫困境

對珍妮特來說，**「我一無是處」**的核心信念讓她不敢要求加薪。還有，莎拉確信如果她出櫃，父母會討厭她，這源自**「我是沒有人愛的」**這個核心信念。至於我的大腦塗鴉**「我不夠好」**，最終讓我花了好幾週的時間迴避，然後才振作起來安分寫完這一章。

綜觀這些例子，我們看到無論你是誰，大腦都能設想出一些令人苦惱的手榴彈來攻擊你。當然，這一切並不是有意識地對自己殘忍，因爲人不可能在想法出現之前就先思考它。但無論這類負面想法多麼轉瞬即逝或無關緊要，都會對心靈造成實質的傷害。無論大腦是否說出「我不值得加薪」「我是冒牌貨」「我是沒有人愛的」或「我很笨」都不重要，要緊的是，這類想法會讓人焦慮、害怕、憂傷，陷入負面情緒中。當情緒沉重到讓人難以負荷，我們就會逃避。

我們非但沒有起身對抗這些想法或忽略它們，就像我們（完美地）無視大街上那個沒禮貌的傢伙，反而相信這些想法，把它們當成絕對眞理來接受，然後盡一切努力避開它們。這就像我們腦袋浮現道路中央有塊巨石的畫面，但我們不僅拒絕承認這堆巨石是幻影，還爲了避開它而緊急轉向，撞上路樹。可以說，這並非最好的解決方案。

所幸，還有另一種解決方案——**轉換觀點**。不過在學習**轉換觀點**之前，我們必須先問一個問題，我敢打賭你一直追問自己：「如果扭曲的想法和核心信念帶來這麼多痛苦，爲什麼我們仍舊相信它們？」要回答這個問題，我們必須了解大腦的主要功能之一：做出預測。

第4章
大腦是有缺陷的預測機器

「全世界的每一個人不都是我們的家人嗎？」有一天早上迪亞哥問。

「**每一個人**是什麼意思？」

他告訴我：「對啊，每一個人。我有好多好多叔叔和阿姨。」

我很驚訝，因爲我們的家人並不多，可是不知怎的，迪亞哥認定他有個很大的家庭。若不是他找到我們的隱藏家人，就是他的邏輯裡有某個東西對我說不通。他怎麼會有全世界的「每一個人」都是我們家人這種想法呢？

因此，我開始搜尋他是怎麼理解這世界的。「迪亞哥，告訴我，誰是我們的家人？」

「記得嗎？」他告訴我（彷彿我的記憶失靈了）：「我們剛從水牛城回來，那裡有莎拉嬸嬸、湯姆伯伯，還有諾亞堂哥和亞當堂哥，我們在巴西還有茱莉安娜阿姨、布魯諾姨丈和杜妲表姊和盧卡斯表哥，而且你說下週卡琳娜阿姨、克里斯提安叔叔、盧德舅媽和古斯塔沃舅舅會來……這些還不是每一個人。」迪亞哥愈說愈起勁，他告訴我：「還有約翰叔叔、雅莉珊卓嬸嬸，以及艾薇塔阿姨和克里斯伯伯，我差點忘了蘇阿姨……我們不是才剛去過西西莉亞阿姨在義大利的家嗎？我們在明尼亞波利斯還有克里斯叔叔和麥可堂哥、安東尼堂哥……妳懂了嗎？每一個人都是我們的家人。」迪亞哥很自豪能向我說明他的邏輯依據，他臉上洋洋得意的笑容像是在說「我比妳聰明吧」。

大衛看著我說：「我不是跟妳說了嗎，我們把他弄糊塗了。」對此，我們都笑了。

儘管迪亞哥的邏輯對於像你這樣發育完成的大腦來說並不合理，但是就他的年紀來說，他的大腦運作得非常好。爲什麼我這麼說呢？因爲**預測**是人類大腦主要功能的核心。

大腦的主要功能是它最大的強項（也是弱點）

隨著大腦發育，**其核心功能之一就是進行預測**。①大腦運用兩項資訊進行預測：（一）周遭發生什麼事的感官資訊，以及（二）我們過去的經驗。大腦根據這兩項資訊猜測接下來會發生什麼事，並據以調整我們的行爲。

爲了能迅速有效地進行預測，大腦的處理系統學會分門別類。②我們從小就不斷觀察外界並形成人、事、地、物等等的類別。我們每天都會整理數百萬條新資訊，並將它們分類，接著運用這些類別猜想接下來會發生什麼事。

這就是迪亞哥認爲全世界每一個人都是我們家人背後的原因。拉丁文化習慣稱親密好友爲tio（叔叔、伯伯）、tia（阿姨），無論他們是否與我們有血緣關係。所以打從迪亞哥小時候，我們就跟他介紹自己的親密好友是某某叔叔、伯伯或某某阿姨。我得承認，如果他直接用人家的名字稱呼對方，我往往會糾正他。這相當於在美國加上先生、小姐、女士等尊稱，是一種尊重的表現。在拉丁文化中，這也是關係親密的象徵。所以迪亞哥爲了預測某人是不是我們家的一分子而創造了一個類別，基本上，他將所有的叔叔、伯伯、阿姨全都歸併在「家人」這個類別當中。這麼一來，迪亞哥的大腦就可以迅速分辨誰是家人、誰不是家人。可惜的是，在迪亞哥的例子當中，我無意間告訴他每一個人都屬於這個類別。

以下是大腦在人類小時候創造類別的另一個例子。迪亞哥認得的第一種動物是狗。不過對他來說，「狗」指的是有四條腿的任何事物。椅子、牛和不同的農場動物全都是「狗」，直到他學會將資訊分成更細緻的類別。即使是成人也會用基本的類別理解新資訊。你曾經在嘗試一種新奇食物後，被朋友問起它味道如何時，回答「吃起來像雞肉」嗎？也許你聽過一句老話：「如果牠走路像鴨子、游泳像鴨子、叫聲也像鴨子，那麼牠必定是鴨子。」我們的所有經驗，無論大小新舊，全都會被分門別類。這套分類系統讓我們能快速理解資訊、濃縮資訊，並且快速預測某個情境（或四條腿的物品）是安全的或構成潛在威脅。

成年的你一向倚賴大腦的預測來決定該做什麼。舉例來說，如果你正在開車，突然看見交通號誌轉爲黃燈，大腦會迅速將感官資訊（看見黃燈）併入自己以往看見號誌燈從綠燈轉黃燈、再轉爲紅燈的經驗中。接下來因爲預期紅燈出現，你的腳會踩煞車減速。我們會在幾毫秒內，依照大腦認爲接下來會發生的狀況採取行動。當我們按這種方式運作時，生活會非常有效率，因爲假如我們每天無時不刻都得停下來，充滿驚奇和不解地凝視各種狀況，不知道接下來會發生什麼事，就沒辦法有太多的進展。倘若我們無法預測黃燈代表減速停車，就會發生更多交通事故！

你能想像不靠類別處理資訊的世界嗎？每次看見一條陌生品種的狗時，你都得停下來思考：

好吧，大家退後一步，讓我看看這是什麼……

它有四條腿。

身上無疑有毛皮。

尾巴搖個不停。

繫著牽繩走路。

啊！牠一定是條狗！

這會占用你很多時間，而且得一再從頭學習每件事，彷彿首次遇見那樣。你可以看見，這種沒有效率的過程如何讓最簡單的決定變成漫長艱巨的任務。如果這個決定是該不該逃離在樹林間看見的毛茸茸動物，那麼當那頭熊開始朝你衝過來時，你可能還在探究牠的特徵。大腦運用類別處理資訊的能力不只是省時，也讓人類存活並成功了數千年。根據我們從周遭環境蒐集到的資訊，加上按過往經驗形成的類別進行快速預測，讓自己有時間降低威脅。

到目前爲止，我們只討論了具體的類別（例如：狗和家人）。換做情緒層面會是怎樣的狀況呢？基本上會發生同樣的事。大腦運用我們小時候形成的類別，也就是核心信念的有色眼鏡來理解這世界和進行預測。我時常把這個歷程想成兩片拼圖，需要組合起來才能有意義。當它們合情合理，大腦才能進行預測（參照【圖 4-1】）。比方說，我在早年，透過「我不夠好」這種有色眼鏡過濾很多經驗。每當有任何事模稜兩可，我就會貿然斷定問題出在自己身上，因爲我不

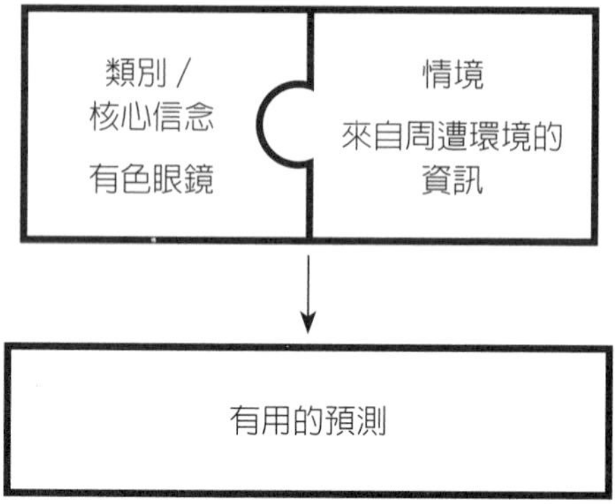

【圖4-1】大腦如何進行預測

夠好。在我早年的約會經驗，這種情況發生過很多次。第一次約會時，對方只要看我一眼，我就會把那種眼神解釋成「他們對我沒興趣」，這是通往「我不夠好，所以他們當然沒興趣」這個信念的另一條路徑。

喵喵叫的牛

只要我們對周遭環境的感受和過往經驗相吻合，大腦的預測能力就非常出色。但若兩者不一致，大腦就會開始不停打轉。面對新資訊不符合自己目前對世界的理解和信念體系時，我們會感到不適，這被稱為「認知失調」。③你可能不熟悉這個術語，但是否曾在生活中體驗過這樣的感受？只要你是人，我想答案是肯定的。你是否曾偶然碰上挑戰自己信念的新資訊，而這整件事讓你覺得不自在呢？也許你瀏覽的某篇新聞報導挑戰了自己的信念，因爲它看待世界的方式跟你完全不同。或是看見一支影片，其中包括天空中出現不明飛行物的鏡頭。或者你是虔誠的教徒，但參加的講座讓你質疑自己的信仰？你覺得不自在嗎？這是肯定的！

我是這麼跟個案描述認知失調的：想像你和好友在鄉間散步。她因爲和男友分手而哭泣，並細數對方如何傷她的心。你專心聆聽，不時安慰她，你的注意力全放在她身上，沒有別的事能讓你分心。然而，當你們走過一頭牛（你甚至沒看見牠）時，牠喵喵叫。你沒聽錯：**那頭牛喵喵叫**。你對朋友的關注會發生什麼變化？你們兩人很可能會停止說話，彼此對看後問道：「剛才那是什麼鬼？牛不會喵喵叫，牠們只會哞！」實際上，你會突然停下腳步，大腦會卡在試圖理解你剛才進入的這個超現實世界中。這種卡住的不自在感受就是認知失調。我的個案常說這是**大腦當機**。

讓我們回到現實吧（不，我也從未聽過牛喵喵叫）。當你讀到這個小節的標題時，有何感受？你的大腦是不是問：「她打算說什麼？牛才不會喵喵叫呢！」我敢說如果認眞閱讀，你剛才肯定有片刻覺得不一致。這就是爲什麼我喜歡這個例子：因爲就事論事地理解事情的不一致，遠比領悟它發生在我們大腦中的狀況來得容易許多。透過得知大腦何時會突然意識到不一致，以及了解它背後的原因，你會有能力進行**轉換觀點**（下一章）。

請運用後文的反思，確定彼此不一致對你來說是什麼樣的感覺。別忘了，當大腦當機，你就會知道自己突然意識到不一致，這意味著思考有挑戰性，而你感覺不自在。

等你完成這兩頁的反思後，我想，當你在這個練習的前半段確認了自己的信念後，會立刻覺得鬆了口氣。也許你會對自己說「沒錯！」或「嗯，當然囉！」之類的話，你會繼續閱讀，而不是把這本書用力扔到牆上。

然而，等你進行後半段時，我猜你會立刻意識到不一致。不一致充其量可能會讓你覺得忐忑不安，而且如果眞的選擇了相反的觀點，你的感受可能就像我的個案約蘭達描述的：「一場我和自己的內在戰爭。」你可能會對自己說「這不可能是真的」或「搞什麼鬼？」。或許你也會感受到想停止這項活動或完全闔上這本書的衝動。

我們也可以感受到認知失調的內在根源。當新資訊不符合我們的核心信念時，就會發生這種情況。比方說，假設你的核心信念是「我很能幹」，但在工作中得到了負面評價，你就會覺得不舒服：大腦會出現不一致。同樣的，如果你認定自己是可靠的，卻在商業簡報時遲到了，大腦不會喜歡這情形，你也會覺得很不好受。

玫瑰是紅的，紫羅蘭是藍的，我喜歡堅信自己已知的事，你也是如此

那麼，當我們突然意識到認知失調時，會發生什麼事呢？如果大腦正盡職地運作，你也許能根據自己已經讀過的內容，預測到我接下來要說什麼。如果你預測的答案是迴避，答對了。當我們覺得不自在，就會逃避！大腦迴避認知失調帶

反思

了解我的大腦當機

為了進行這項反思，請準備紙筆記錄你的答案。首先，花點時間思考你堅信的某件事，比如你的政治觀點、飲食觀念，或者對與你不同的人的看法。

主題：＿＿＿＿＿＿＿＿＿＿＿＿＿＿＿＿

選定某個主題後，請回答以下問題：「我對這個主題的觀點為何？」詳細描述你對這個特定領域所知的「真相」。

好，接下來請拿出你的手機或筆電，花兩分鐘時間用谷歌搜尋能支持自己信念的故事。舉例來說，假設你是吃全素的人，請搜尋「吃紅肉對身體不好」。或者，如果你重視公立學校，請搜尋「為什麼公立學校比私立學校更適合孩子」。塡入你的信念領域和搜索關鍵字，但記得要符合自己的前述信念。花大約兩分鐘時間閱讀其中一篇文章，然後回答下列問題：

- 閱讀文章時你有何感受？
- 你對自己說了什麼？
- 你閱讀文章時想做什麼呢？
- 總體來說，進行這項活動時，你的大腦有何體驗？

好，讓我們切換到另一面，練習了解當你突然意識到不一致時會有什麼感受。基本上，你進行的是同樣的練習，只不過這次要搜尋**牴觸**自己世界觀的事物。比方說，如果你碰巧是吃全素的人，就要搜尋和自己觀點相反的論點，例如：「每天吃紅肉很重要」。或者，在支持公立學校的情況下，搜尋描述相反觀點的文章，例如：「唯有私立學校才能提供優質教育。」你一定要在同一主題中搜尋相反的論點（比如純素主義、教育）。花兩分鐘閱讀其中一篇文章，然後回答同樣的問題：

- 閱讀文章時你有何感受？
- 你對自己說了什麼？
- 你閱讀文章時想做什麼事呢？
- 大致來說，進行這項活動時，你的大腦有何體驗？

整合你的學習：完成這項練習的兩個部分後，花點時間想想認知失調是什麼樣的感覺？

- 它如何影響你的 TEB（想法、情緒、行為）循環？
- 哪一個練習讓你覺得不舒服？
- 對你來說，不一致的徵兆是什麼？
- 閱讀牴觸自己信念的文章時，你想做什麼？你想停止閱讀嗎？你想速速反駁這個論點或證明它不正確嗎？

來不適的方法很有趣。每當大腦無法將新資訊和過往經驗與信念整合在一起時，我們就會努力堅持在那一刻之前對自己來說是正確的事。我們不會更新用來進行預測的類別，而是嘗試將新資訊塞進原有的類別當中（就像迪亞哥堅稱所有四條腿的物體都是狗，而不是別的，或者我們遇到的每一個人都是我們的家人），在這過程中，我們會堅信自己已知的事。換句話說，我們會忙著進行所謂的「確認偏誤」，這會讓自己感覺好過些（至少暫時如此）。

確認偏誤指的是大腦爲了鞏固我們已知的事，並且避免更新信念帶來的不適，拚命尋找能支持既有信念的資訊這個過程。[4]因此，當遇到相反的觀點或牴觸信念的資訊時，我們面對新證據，不會乾脆就改變信念，[5]而是保持冷靜繼續瀏覽，彷彿在說：「謝謝，不用了！我相信自己已知的事，這樣就夠了！」

大腦會產生確認偏誤，是因爲支持已知爲眞的事耗費的能量，遠少於暫停並質疑出現的新資訊。我喜歡這麼想：更新大腦和更新電腦的作業系統類似。當彈出視窗告訴你，有項新的軟體更新已準備就緒，此時你可以選擇按下「立刻更新」或「稍後更新」。如果按下「立刻更新」，你就得停止正在做的每件事，儲存檔案，找出電源線，然後等待你的電腦完成下載和安裝新軟體的繁瑣步驟。我無意聽起來像個養尊處優的現代人，不過這事有點令人討厭。所以如果你跟我一樣，就會不假思索地按下「稍後更新」，繼續做自己的事，即使你正在做的是逛亞馬遜網站。

我們的大腦以類似方式運作。當我們遇到新資訊，可以選擇立刻更新或稍後更新。沒錯，更新資訊來處理它的主要任務——「進行預測」固然重要，但是大腦也很講求高效率和節省精力。[6]按照需求立刻更新需要時間和精力，所以人類大腦預設爲將新資訊過濾到現有的類別或信念系統中。簡而言之，我們常會陷入確認偏誤——即使我們堅信的事是痛苦的。

這令人痛苦，為什麼它會發生呢？

我的個案通常能了解，大腦想透過堅信已知的事物來維持現狀並節省精力。要配對「我討人喜歡」和知道我的丈夫愛我，或者「我很聰明」和獲得聲望甚高的獎學金，算是相當容易。要化解「我很可靠」的核心信念與一次約會遲到也不難。大腦會直接將我們的行動合理化爲差錯，或完全漠視它。**沒錯，這次約會我遲到了，但這是因爲我另有要務才無法準時抵達。不會再發生這種事了，因爲我畢竟是個可靠的人**。談到這些比較正面的看法時，我們通常能迅速理解發生了什麼事並繼續前進，它們不會讓我們陷入迴避之中。然而，負面的核心信念並非如此。我們的大腦仍舊以相同方式運作：它努力堅信那些信念，但問題是，這樣的堅信過程通常很痛苦。

我經常被問到：**爲什麼我的大腦會堅信痛苦？我不懂！我不想這樣想，但它就是一直發生**。大腦堅信負面的核心信念爲的是節省精力。它會不惜一切代價地處理傳入的訊息，確保它們符合我們的世界觀，即使它必須將訊息扭曲成扭結餅那樣（參照【圖4-2】）。舉例來說，假設你認定自己是個失敗者，然後有人恭賀你最近的升遷，你可能會脫口說出：「哎呀，要是待得像我這麼久，每個人都會升官啦。」這個想法可能不會讓你感覺很棒，但總比用光精力和機智自問「要是我其實並非失敗者呢？」的感覺好多了。基本上，當拼片彼此不相符合時，你的

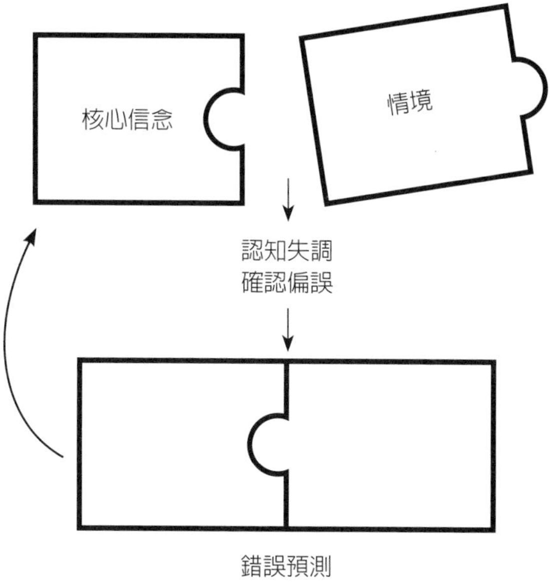

【圖4-2】大腦如何做出錯誤預測

大腦就會扭曲資訊令它們相符。「獲得晉升的人通常都把某件事做得很好」與「我是個失敗者」相抵觸，但是你的大腦把「我加薪了」改成「我只是因爲在這裡工作很久了才會加薪」。這讓你得以維持「我是個失敗者」的舊信念。

現在讓我們回到我的大腦和它傾向使用「我不夠好」來處理資訊。暫停一下，問問自己：身爲多產型的研究人員代表我不聽明，是嗎？才不是呢！如果是我的個案，我會完全同意這個答案。雖然這個說法很傷人，但是在我腦中就說得通。我的大腦，這個相當守舊的人類進化產物慢慢發展出一套作業系統，將各式各樣的資訊歸類為「我不夠好」（參照【圖4-3】）。在學術界，投稿論文被頂尖期刊接受是難度很高的事，這通常代表論文作者努力工作，擁有良好的科學知識，而且可能很聰明。但聰明跟

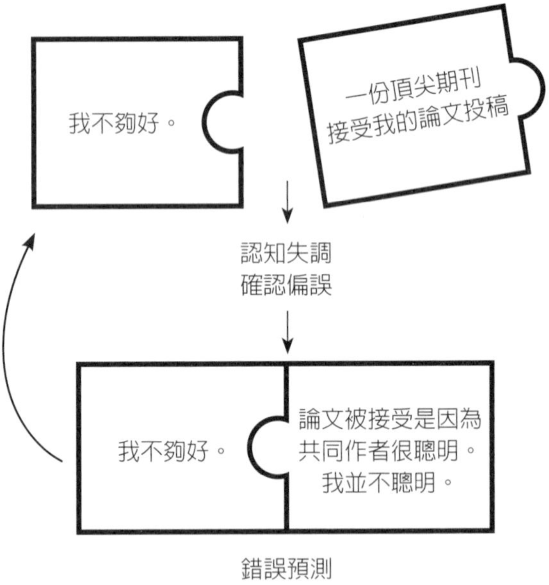
我不夠好。
一份頂尖期刊
接受我的論文投稿
認知失調
確認偏誤
我不夠好。
論文被接受是因為
共同作者很聰明。
我並不聰明。
錯誤預測

【圖4-3】盧安娜博士的大腦運作

「我不夠好」這塊拼片拼不起來。於是爲了讓我的拼片能組合在一起，我必須把實際資訊扭曲成：儘管我寫了那篇論文，但它被接受的原因是有其他聰明人也參與其中。唯有這麼做，才能讓「我不夠好」的舊信念繼續存活。同樣的，莎拉告訴自己，別人之所以約她，是因爲對方不認識她。她的大腦斷定，沒有人愛的人根本不會去約會。因此，爲了讓她的拼片能彼此吻合，她否定自己具有任何優點（參照【圖4-4】）。珍妮特只有在否認同事的讚美後，她的拼圖才能拼得起來。她的大腦說，畢竟一無是處的人工作肯定沒效率（參照【圖4-5】）。我們全都會藉由堅信過去視爲眞的事物，迴避認知失調帶來的不適感（也就是說，我們迴避重新修訂看待自己和這世界的整套方法這種麻煩事）。

大腦會緊抓不放

儘管違反直覺，但近期研究顯示，人即使在有反證的時候仍舊堅信既有信念，這種傾向具有重要的生物學基礎。⑦抗拒凡是牴觸我們所持信念的資訊，和大腦前額葉的活化增加呈正相關。換句話說，我們愈是抵抗新資訊，大腦的理性部分就愈活躍。雖然這看似矛盾，但其實很合理：爲了證明我們不接受也不納入這些新資訊是有道理的，大腦必須變得不理性地合理化，才能避免更新我們的軟體或改變我們的想法。其實有研究顯示，愈聰明的人偏見並不會減少，⑧反倒可能更多。

從短期來看，創造一個理由支持過往信念，可以幫

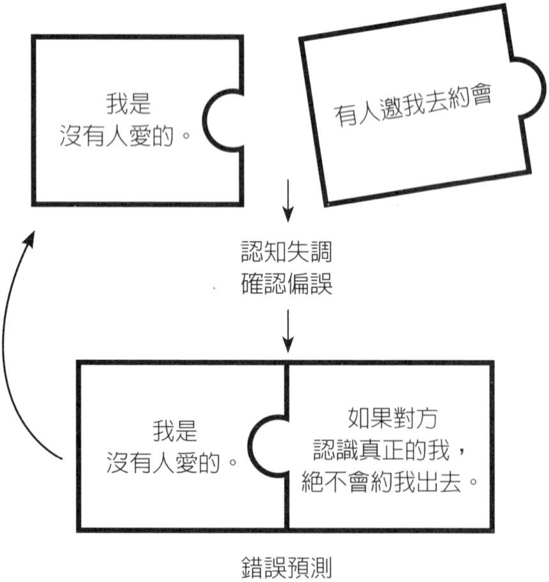

【圖4-4】莎拉的大腦運作

助我們迴避認知失調帶來的不適，但就長期而言，請跟我一起說：它會讓我們陷入困境。由於大腦使用的是過時軟體，最終會限制我們看清這世界的能力。沒錯，我們可以過得足夠舒服，但距離過得好還差很遠。這有點像是使用第一版的谷歌地圖。沒錯，它還跑得動，但隨著新道路和高速公路的修建啓用，使用這種功能有限的過時地圖可能會給你帶來某些問題。

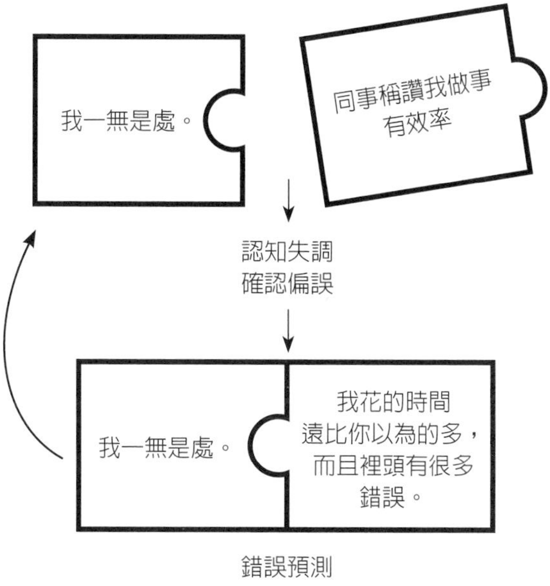
我一無是處。
同事稱讚我做事有效率
認知失調
確認偏誤
我一無是處。
我花的時間遠比你以為的多，而且裡頭有很多錯誤。
錯誤預測

【圖4-5】珍妮特的大腦運作

認知失調與確認偏誤的雙人舞

現在，對於我的個案在談到退卻迴避時提出的兩個主要問題，你已經有答案了。首先，「我的想法是如何使自己陷入困境的？」答案是：當兩件事對不上，大腦就會失靈！通常人會先感覺到身體出現失調狀況，也許是胸口覺得怪怪的，接著大腦就會開始四處尋找理解這世界的任何訊息。

其次，他們問：「為什麼我總是對自己說一些會傷害我、讓我想迴避的話？」這個嘛，因為人類大腦討厭不一致，它會藉由讓我們**自認**很了解自己和這世界的確認偏誤過度活躍，藉此迴避不一致。

這就是認知失調與確認偏誤之間的雙人舞難題。當兩件事放在一起說不通，我們就會堅信自己已經相信的事，包括對未來的恐懼——這是很痛苦的事。

知名的華頓商學院教授亞當．格蘭特在他的著作《逆思維》中提到這個難題。⑨ 他提到：「我們的信念會把我們鎖在自己打造的牢籠裡。」他說得沒錯。我們的信念能讓自己陷入充滿壓力、過勞、焦慮、悲傷和無望的世界。可是格蘭特也說：「解決辦法不是減緩思考的速度，而是要加速重新思考。」想加速**重新思考**，也就是克服迴避並擺脫困境，我們必須接受不一致，與之共舞，和它玩耍，因它受傷，最終改變自己的信念並創造認知彈性。下一章要介紹怎麼做，該是學習如何**轉換觀點**的時候了。

第5章

用轉換觀點克服迴避

大腦是預測機器，它的潛力和它能帶給我們痛苦的能力同等驚人。雖然大腦只是執行演化分派給它的工作，但有時我們會落得使用過時的鏡片，不再能讓自己對這世界做出準確預測。這些鏡片會以我們對自己、他人和周遭世界的過時看法這種形式出現。爲了讓這台不可思議的預測機器發揮最大效用，我們必須時常更新這些鏡片。談到我們對這世界的見解和信念時，當然沒有人能看得一清二楚。但這裡的目的是改進我們的能見度，而不是讓它變得完美。要達到這個目的，就得**轉換觀點**。透過**轉換觀點**可以更新你的預測，以更寬廣的角度看待這世界，並學會像跟好友說話那樣，秉持友善、準確和直接的態度與自己交談。**轉換觀點**是你這一生必須培養、練習和實踐的技能。如今我過著每天即時練習**轉換觀點**的生活，其中大半時候是成功的。但別誤會我的意思，我過去並非一直如此。

他不愛我都是我的錯！

我在十五歲那年搬去和外婆同住，因爲她住在較大的城市，當地的學校比我們住的小鎮學校好。我媽媽認爲，更好的教育環境能帶給我更美好的未來。從瓦拉達里斯州長市搬到美景市起初很難熬，可能因爲我失去了原本和媽媽與妹妹待在小鎮的那種安全感。但是到了那年年底，我開始調整自己，甚至能樂在其中。也許是征服「大城市」的那種喜悅讓我同意和爸爸共度跨年夜。打從我十歲起，他就幾乎完全淡出我們的生活。青春期的我仍舊很渴望能修復破裂的關係。換句話說，我依然相信如果能修復與他的關係，我最終能克服自認「不夠好」的恐懼，進而修復我自己。

可是爸爸爽約了。我在眼淚、悲傷和無望的包圍下哭著對外婆說：「如果我更乖，他就會出現。他永遠不會愛我了。我永遠沒有父親了。我就是不能信任他或任何人。沒有人會爲了我露臉。現在可好，我獨自一人被困在這裡，沒有人可以共度跨年夜，因爲我告訴朋友我有別的計畫。我爲什麼會相信他？我早該知道會這樣。這全都是我的錯。」

外婆以冷靜沉著、泰然自若的態度問道：「能用別的方式看待這件事嗎？」

我抗議道：「**沒辦法！**事情很簡單：他討厭我，他不在乎跟我約好的事。這全都是我的錯，我就是問題所在。」

外婆再次問我：「能用別的方式看待這件事嗎？」

我告訴她：「**不可能！沒辦法！就是沒辦法！**」

遺憾的是，這個故事並沒有美好的結局。那天晚上，外婆無法讓我明白她的意思；我爸爸以前有過太多不良紀錄。那一刻實在太痛苦，當我回顧過去，我看見自己的大腦處在求生模式中：杏仁核強勢主導，而我根據童年時生活四分五裂所形成的「我不夠好」信念來預測這世界。透過這些鏡片，我甚至無法考慮有沒有另一種世界觀的可能。當時，我的大腦感覺像是一座上鎖的金庫，鑰匙被扔掉了，從此以後，這永遠是我看待世界的唯一方式……永遠。我是不是說了**永遠**？

我的大腦得出的結論並未產生不一致，因爲它只是堅信我的核心信念。但是這麼做的過程中，我的大腦對輸入訊息做了巨大的扭曲：「我爸爸沒有出現」被扭曲成「這全都是我的錯」。那天，認知偏誤贏了：我的大腦把爸爸缺席解釋成堅信「我不夠好」。然而，這當中有個隱藏的問題。任由確認偏誤指引我們的結論，只不過是堅信可能再也不適合自己或沒有現實依據的信念。那天，我證明了爸爸不在那裡確實是我的錯，因爲**如果我夠好，他就會出現在我身邊**。（眞希望能給年輕的我一個擁抱，而且把我今日所知的一切教會她！）

雖然希望你不曾有過像這樣被爸媽放鴿子的經驗，但我想大多數的讀者在某種程度上可以同理這種事——讓你失望的朋友、沒有赴約的約會對象、沒有履行加薪承諾的上司……

換個角度看待事情

寫這本書的時候，我已能完全意識到外婆的智慧和科學之間的交集，以及如何將這種交集的教導應用在自己的生活上，讓我享受更美好的生活，也能透過我的工作幫助數百名個案。然而，十五歲的我並不知道外婆一再問我的那道簡單問題：「能用別的方式看待這件事嗎？」，數十年來廣受心理學界認可。

如今我知道外婆的提問是心理學家所謂的「認知重建」的核心。這是一種經典的認知治療技巧，心理學家教他們的個案辨認扭曲的信念並重新校準為考慮更周全的世界觀，藉此更新其預測。①非常仰賴這套技術的認知療法已被證實在治療各種情緒難題上都很有效——它對大多數人都是有用的。②以現代科學術語來說，外婆當時請我質疑自己大腦對這世界的預測和假定。她想問我的是：**妳用來觀看這個情境的有色眼鏡，是否能用最清晰的方式詮釋這個局面？還有沒有什麼是你沒考慮到的事呢？**

想要**轉換觀點**，你得違背大腦陷入確認偏誤時做出快速且幾近自動化的預測，去考慮以另一種方式解釋這個情境。

儘管確認偏誤很快速（而且強力），不過長期下來會產生更多迴避。但是當我們運用在第2章學會的創造暫停，去考慮以其他方式看待這個處境，就能眞正更新我們的鏡片，進而改變自己對這世界的預測。這條路走起來起初會有點慢，而且會出現一些不適感，因為你強迫大腦去思考另一種想法。（大腦為了改變而

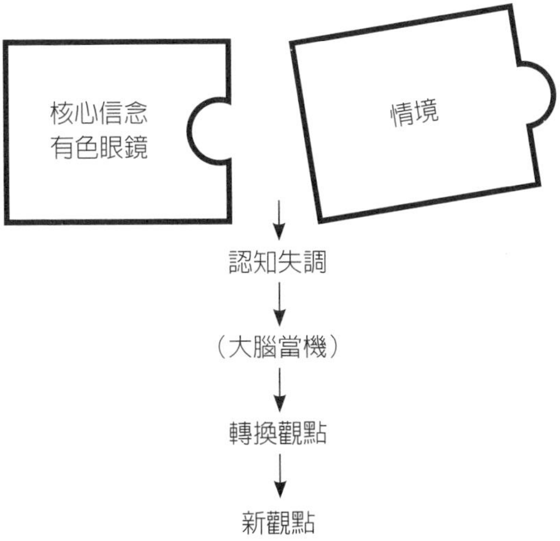

【圖5-1】大腦轉換觀點

鋪路的這種非常重要能力叫做「神經可塑性」。神經可塑性眞的太棒了！）

做出轉換

轉換觀點是一種科學驅動技巧，用來拓寬我們的視野，讓我們依據當下掌握的最佳資訊做出更好的預測，並挑戰自己的舊有假定（見【圖5-1】）。爲了改變觀點，我們必須重新訓練大腦，主動對抗確認偏誤。爲此，得採取三個步驟：質疑我們的自動預測、詮釋我們的答案，以及更新我們的鏡片。**轉換觀點**的過程中會陷入認知失調，因此，練習這項技巧時會感受到些許不適。但是這種不適會慢慢減少，同時也會感受到改變核心信念和過著更完整、更勇敢的生活帶來的回報。

珍妮特的轉換觀點：我一無是處

好啦，理論說得夠多了。讓我們將**轉換觀點**的技巧應用在珍妮特身上，看看她能如何擺脫困境。前情提要：珍妮特是行政護理師，大家都認爲她的工作表現很好，又很努力。她解釋說她的母親很嚴厲，灌輸她紀律是成功的關鍵。如果她努力工作，好事就會發生。因此，她從小就相信善有善報，惡有惡報。這變成珍妮特的大腦處理資訊所採用的鏡片。所以當珍妮特考慮向上司要求加薪時，大腦會在她毫無所覺的情況下戴上這副有色眼鏡。儘管努力工作（「好」），好事卻沒有發生在她身上，所以她下意識相信自己不值得加薪，這導致她認爲自己「一無是處」。在我和珍妮特會談期間，我建議她完成後文的反思，進而促成了她的**轉換觀點**。

珍妮特的結果

珍妮特答應會像在健身房做重複動作那樣，積極進行這項反思，努力眞正改變她對自己的說話方式。起初，這種感覺很不自然，但最後她改變了「我一無是處」的說法。透過這麼做，珍妮特最後不僅開口要求加薪，也主張自己應該升職，她也如願以償了。珍妮特告訴我，她不再覺得是自己舊有信念的囚徒，而且這讓她第一次允許自己夢想著追求全新職涯道路的可能性。這並不容易，也歷經許多不適，但她明白讓自己陷入困境的並不是焦慮，而是每次遇上困難，她就選擇「迴避」這個最容易的脫身辦法，使她回到過往的信念與行爲模式，而不是像個高明的偵探好好盤問它們。

但事情並非從此光明又燦爛。她時不時仍會飽受這些舊有信念折磨，只是現

反思

珍妮特的轉換觀點

花點時間練習**轉換觀點**，才能更新大腦的預測。我建議你鎖定一個具體處境並寫下答案，這樣才能審視自己在該處境下會對自己說些什麼。此外，寫下自己的初始預測並回頭檢視它，如此一來，才能確保你問的問題與這個預測有關。

處境：要求加薪

預測：我的上司會拒絕這項要求。如果值得加薪，上司就會幫我加薪。

1. **質疑自動預測：**
   a. 能用別的方式看待這個處境嗎？
   珍妮特明白自己一直很努力工作，儘管她的大腦不這麼認爲，但許多指標顯示她值得加薪，比如達成工作、準時實現多項計畫，以及管理一個成功的大型團隊。
   b. 我會對置身這個處境中的好友說什麼？

我請珍妮特想像好友正經歷類似的問題，我問她會告訴對方什麼話。珍妮特笑著對我說：「我會告訴好友，她為工作付出了一切，也達成所有業務目標，所以應該要求加薪，因為她明明就值得。」

2. **詮釋你的答案：**
 a. 這些答案如何改變我的預測？
 珍妮特告訴我，如果繼續相信她現有的鏡片，她絕不會要求加薪。不過透過好友的眼睛來看這件事，這才看見自己為何值得加薪，這讓她最初的恐懼和焦慮減少了。
 b. 我可能會採取什麼不同做法？
 如果她相信朋友告訴她的話，就會開口要求加薪。

3. **更新鏡片：**
 a. 這項預測如何改變我的核心信念？
 珍妮特意識到自己不可能在「一無是處」之下，還能將工作做得很出色。
 b. 更新鏡片讓我有何感覺？
 珍妮特考慮以另一種方式看待世界，這讓她如釋重負。
 c. 我能採取什麼步驟強化這條預測路徑？
 珍妮特想蒐集能反駁她認為自己「一無是處」的資訊，她決定每天記錄自己做的哪些行動牴觸了這個信念。

在它們對她的影響力沒那麼大了。這裡有件重要的事值得一提：我們永遠無法讓大腦那些扭曲或毫無幫助的想法完全沉默。這些念頭不停在大腦打轉永遠會發生。我們的目標並非從腦中永遠消除負面或擔心的念頭，而是像珍妮特做的：跟這些想法建立起一套比較健康的關係。當你對這項技能愈來愈熟練就會發現，儘管這些想法仍然會出現，但是頻率變少了，而且就算它們現身，也不再像過去那樣有力量能讓你偏離方向與控制你的行動。

莎拉的轉換觀點：我是沒有人愛的

對莎拉來說，「我是沒有人愛的」這個信念完全過濾了她的世界觀。你可能會覺得奇怪：爲什麼莎拉的大腦想堅信像「我是沒有人愛的」這樣傷人的事？你可能會對自己說：**「就算我的頭殼壞掉也不會這麼做！」**

莎拉和我努力了將近一年，才揭露並改變她這個令人痛苦的核心信念。起初莎拉的大腦用盡一切方法逃避討論它。比如她會在治療中改變話題，但每當這種情形發生，我會溫柔地把談話導回來。

到最後對她最有幫助的是，透過朋友的角度看待這個信念。置身哈佛強大且充滿支持的同志社群中，莎拉終於能夠告訴我，她永遠不會因爲學校裡的任何朋友是同性戀者，就說對方是「沒有人愛的」。透過仔細思考倘若朋友處在她的情境下，她會對朋友說的話，莎拉慢慢能擺脫這個信念。

一年之後，莎拉在寒假期間向她父母出櫃。一如她預期的，起初氣氛一觸即發。她父親躲進自己的辦公室好幾天，對她不理不睬。她母親試著改變莎拉的想法，堅持這也許只是她正在經歷的一個階段。莎拉在淚水和恐懼中成功挺住，她能做到這一點是因爲知道自己其實是有人愛的。

莎拉出櫃已經三年了，我最近收到她寄來的電子郵件，裡頭有一張她和家人在同志驕傲遊行拍的合照。我承認，莎拉的爸爸看起來非常不自在，但是如同莎拉在信中提到，他正在努力。莎拉告訴我，儘管她的新（對他們而言）性別認同仍舊造成許多不自在，但情況正在改善中。就像任何事一樣，重要大事總是需要時間。莎拉現在快樂多了，因爲能在她最愛的人面前展現完整的自我。如同（管用的）老生常談說的，我們只能控制自己能控制的事。透過**轉換觀點**，莎拉就能做到這一點。

在此必須強調，莎拉在預測她父母的不良反應上並非完全錯誤。談到家庭結構中的性別認同時，大家的反應各不相同。有一項研究訪問一百五十五名同志的出櫃經驗發現，父母的情緒反應範圍很廣，從沒反應、負面、混合到正面，分別伴隨著沉默、不認可、矛盾和認可。③當父母或親人對性別與性取向的揭露做出負面的反應時，經常會造成嚴重的負面後果，比如憂鬱症的發生率較高和自尊降低。④因此即使是無謂的預測，有時也隱含一定屬實的狀況。

萬一碰上歧視，轉換觀點也沒轍

並非每種情境都能用新觀點來解決。比如讓我告訴你，我的非裔個案馬可仕被哈佛某個享有盛譽的研究所錄取時親身面對的狀況。他從喬治城大學法學院畢業後來到哈佛，很期待在波士頓展開人生的新篇章。由於很主動積極，他和這所學院的院長談過幾次話，並決定親自來波士頓與對方見面。馬可仕抵達這個知名的單位後，告訴祕書他是來見院長的，接著就坐下來等待。馬可仕跟我說，當院長走出他的辦公室掃視那個房間後，看著行政祕書問：「馬可仕上哪兒去了？」馬可仕說：「那位祕書的臉色變得比鬼魂還蒼白」，並指了指他。院長不假思索（我希望是如此）跟他說：「噢，你長得跟我以為的不同。」這證實了馬可仕對於身為黑人、與眾不同、無法融入、在機構內（如哈佛）受到歧視的所有信念。

當馬可仕和我討論這件事時，我外婆的提問對此幫不上忙，因為除了偏見，似乎沒有其他方式能說明這個處境。然而，對馬可仕來說，這段極不舒服的難堪經驗觸動了他對自己的核心看法——「我不夠格」，這又反過來引發悲傷，使他考慮退學。

在面臨歧視、性別歧視、恐同或微歧視的情境下，正視這種處境的現實情況非常重要。當我們談到歧視，就這個主題去考慮較寬廣或非正統的觀點可能極具挑戰性，因為不公平和不平等是這世界的現實。然而，認知失調和確認偏誤也可能出現在這樣敏感的主題當中，還不時會證實我們自己無謂的核心信念。在馬可仕的案例中，他受到了歧視，但因爲這觸動了自己的核心信念，使他有意退出之前很努力爭取才被錄取的研究所課程。

如今我熱愛自己的拉丁裔女性身分，爲我的身體曲線感到驕傲，並時常告訴兒子他是「巴西人、墨西哥人和美國人」這個事實，這三種身分全都是他的一部分。我試著教導迪亞哥將他的不同身分結合成一體，讓他對自己抱持更有彈性的信念，而不是陷入非黑即白的思維當中。但我不想騙你，每當我出席白人居多的哈佛會議，與會者大多是位高權重的年長男性時，我依然很難覺得「我夠好」。但我的改變是，如今我能自豪地坐在會議桌上！

別為小事煩惱，轉換觀點就對了

前面分享的案例都是個案和我面對能造成嚴重痛苦的深層核心信念。不過**轉換觀點**這種技巧不只能應用在生活中的「深層」事物，它其實也是一種看待世界的方式。就算只是小事，**轉換觀點**也有幫助。舉例來說，我先生大衛昨晚教研究所課程時，注意到有個學生心不在焉。他的大腦立刻說：**「我沒辦法吸引學生的注意力，我得做得更好。」**這讓他在教學時有點不安。不過大衛在我們的婚姻當中接受過相當多的**轉換觀點**指導，所以他自問：「有什麼其他的可能嗎？」他立刻想出幾個可能性：（一）這是夜間班，也許這個學生很疲倦。（二）也許他發生了什麼事，這就是爲什麼他看起來心不在焉。大衛的**轉換觀點**讓自己能繼續教學，焦慮不至於惡化。在這個例子當中，他其實有個美好的驚喜：那名學生在休息時間前來告訴他，自己身體不舒服想先回家，也爲自己心不在焉感到很抱歉。

我們的摯友約翰往往會陷入堅信自己「不是那麼棒的朋友」的預測困境中。我想許多人都有類似的想法，可是約翰已經變成**轉換觀點**行家。前幾天他來訪時跟我說，我整整一週都沒有回覆他的簡訊，讓他非常焦慮，害怕他惹惱我了。但是他用挖苦的口吻開玩笑說：「接著我自問，**這時盧安娜會怎麼說？**答案很清楚：如果她不高興，我一定會知道。」這幫助他冷靜下來，在其實什麼事也沒有的時候，停止懷疑我們的關係是不是起了衝突？

在育兒這個領域，**轉換觀點**也非常有幫助，因爲父母（包括我在內）談到自己孩子的反應時，經常會直接跳到最壞的可能。比方說，我兒子上幼兒園的第一天，放學回家時很難過。我的大腦驚叫道：**「他會討厭學校。現在我們麻煩大了。是不是發生什麼不好的事了？我該如何解決它？」**焦慮猛敲我的門，我開門，用我的**轉換觀點**提問做爲回答：「還有什麼能解釋迪亞哥爲何如此沮喪嗎？」答案是：**這對他來說可能是個重大轉變，他需要時間調適。也許他因爲比平常早起，所以很累。轉學和想念所有的朋友，可能讓他有點害怕。這得慢慢來。**談到孩子，我們有時不清楚究竟發生了什麼事，所以一次擁有許多可能的解釋確實能幫助你平息大腦可能造成的災難。

現在輪到你了。請花點時間完成下一頁的反思，練習轉換觀點。

反思

轉換我們的觀點

花點時間挑戰你的思維。我建議你鎖定一個具體處境並寫下答案，這樣才能審視自己在這種處境下會對自己說些什麼。此外，寫下你的初始預測並回頭檢視它，如此一來，才能確保你問的問題與這個預測有關。

處境：______________________________

預測：______________________________

1. **質疑自動預測：**
   a. 能用別的方式看待這個處境嗎？
   b. 我會對置身這個處境中的好友說什麼？

2. **詮釋你的答案：**
   a. 這些答案如何改變我的預測？
   b. 我可能會採取什麼不同做法？

3. **更新鏡片：**
   a. 這項預測如何改變我的核心信念？
   b. 更新鏡片讓我有何感覺？
   c. 我能採取什麼步驟強化這條預測路徑？

發展這種認知彈性的一大好處是，一旦你逐漸習慣改變觀點，就能開始培養更有效地處理負面思維的能力。這麼做能讓你的大腦變得不那麼僵化，也更樂於對抗確認偏誤。⑤**轉換觀點**的相反是迴避。這就像是上健身房。起初你不敢做硬舉：它很嚇人，是一種新技能，而且它時常讓你痠痛。可是假以時日，你學會享受這種成就感，甚至連不適感都具有正面含意。無論在健身房或心理學領域，不適感通常代表成長。

當大腦有彈性，就會更容易隨心所欲地改變路線，這會對生活的其他領域產生積極的下游效應。⑥更高的認知彈性和更好的閱讀技能⑦、更強的復原力⑧、更豐富的創造力⑨，以及對生活品質有較佳的主觀感受⑩等有關。

漸進式的轉換觀點

當我想起小時候發生的事，被爸爸遺棄的痛苦至今仍舊存在。然而，經過外婆的訓練和展開我大腦的**轉換觀點**過程，我不再以同樣的方式看待他或這世界。成年後，我明白爸爸欠缺我在本書中與你分享的這些技能。他在三歲就沒了父親，這代表他從未有過榜樣，不知道在家庭中養兒育女該是什麼模樣。此外，我出生時他才二十二歲，這表示他的大腦都還沒有發育完全。後來爸爸才明白他帶給我的痛苦，甚至向我認錯道歉。他努力發展自己的技能，再婚，如今擁有美滿的新家庭——我和他們全都保持聯繫。我痛苦地認清了，爸爸當年如果具備我介紹給各位的這些技能，也許我的童年就不會有這麼大的創傷。不過我欣慰的是，你我所有人都能學會**轉換觀點**，而且這麼做時，生活就會隨之改變。

但必須注意的是，**轉換觀點**並不是一種萬無一失的神奇技術，總是能發揮最大作用。我們不能指望完全杜絕大腦中認知扭曲的蹤跡。在我一生中，讓大腦**轉換觀點**是一場持續不斷的內在戰鬥，有時我能創造出比較彈性且考慮周全的方式來看待世界，可是有時也會陷入困境，以執著堅信自己的核心信念來迴避痛苦的想法。當你致力於練習**轉換觀點**，就會發現愈來愈容易得出其他預測——前提是你沒有完全處於生存模式下。這是我想提醒你的：在致力於練習**轉換觀點**時，你處理的千萬不要是自己人生中最具挑戰性的處境。就像在健身房，我們透過練習良好姿勢變得更強壯，才能舉起更重的重量。同樣的道理也適用於這項技術：我們需要練習認知彈性，才能處理情緒負荷更重的處境。

最後，找出讓自己記得**轉換觀點**的方法。對我來說，看著外婆的照片可以迫使我去問：**「能用別的方式看待這件事嗎？」**如今，提出這個問題對我幾乎是全自動了。不過，對莎拉而言，她得想出自己的**轉換觀點**問題，才能牢記在心。她會對自己說：「我該如何跟自己的大腦回嘴？」在其他時候，她能**轉換觀點**的唯一方法是對自己說：「我的大腦是混球，我才不聽它說呢。」另一方面，財星一百大企業的執行長茱莉告訴我，過一段時間她會對自己說：「在這個情況下，盧安娜博士會怎麼說？」茱莉告訴我這件事時，我哈哈大笑，因爲我並非無所不知，不過我確實喜歡審視自己的想法，所以她這麼說也許不無道理。

我想邀請你在練習這項新技能時對自己慈悲，實事求是地記得這需要時間。假如你發現自己掌握了**轉換觀點**的方法，卻仍舊迴避，就代表該是學習如何**接近**和**校準**的時候了，這就是後文要談的。

PART 3

接近

第6章

壓力鍋：用衝動反應來迴避

我在巴西長大的最珍貴回憶之一，就是媽媽煮黑豆燉肉。這是我家鄉常見的一道療癒菜餚，沒有什麼比得上豆子燉到化開時蒜頭和培根混合的香氣。每當我放學後走近家門，聽見壓力鍋的鳴笛聲，就知道今晚有大餐可吃了。七歲那年，媽媽逮到我想打開燉煮中的壓力鍋，她大聲喝斥並飛快移動到我身邊阻止。我滿眼淚水走到一旁，試著理解她爲什麼要吼我。

也許因爲這個事件，我時常運用壓力鍋的比喻向個案說明衝動反應也是一種迴避形式。以衝動反應來迴避時，我們就像是沒有洩壓閥（或是有洩壓閥，但我們不相信它會發揮作用）的壓力鍋。當情緒開始沸騰時，我們內心的溫度和壓力就會迅速猛烈地上升，結果就爆炸了。感覺自己就要爆炸時，我們會怎麼做呢？我們會做任何能讓自己迅速覺得好過些的事，化解感知到的威脅。從情緒的觀點來看，爆炸能立刻（卻短暫地）減輕某些壓力，不過事後總是會留下更大的爛攤子得清理，也伴隨著滿滿的受傷感受。發洩情緒在當下感覺很有幫助，但是它可能會變成一種持續的反應性迴避模式，這最終會剝奪我們活出勇敢的人生。

反應性迴避：我的許多面貌

反應性迴避有許多形式，有些比較難以察覺。但我承認，我對它很熟悉，因為反應性迴避是我用來迴避不適的首選策略。我反擊是為了讓自己覺得好過些。我的意思是，當然，穿上保守的褲裝可能看起來不像你認定的對抗，但是我的這個舉動當中蘊含著反抗的意味，在我內心深處，這就是我比中指的版本。我也會對電子郵件加以回擊（我知道自己這時是不折不扣的地獄天使）。舉個貼切的例子：我在痲省總醫院的導師蘇珊是個非常和藹的女士。大約一年前，她找我過去，讓我坐下來，然後對我說：「我們可以談談妳的電子郵件嗎？特別是妳在焦慮時發的電子郵件？」

我能在蘇珊的臉上看見，儘管這段對話很尷尬，但她還是拚命表現出有建設性的一面。我記得當時自己的焦慮遽增，因爲等著她告訴我很糟糕的事。**我的天啊，唯一罩我的人就要解雇我了！叛徒！**當這些不成熟的念頭不斷湧現腦海，我試著在臉上擠出（也許看起來有點瘋狂的）假笑。

蘇珊繼續說道：「盧安娜，妳是我認識最有建設性的人。妳聰明、關心別人，妳知道我很喜歡跟妳一起工作。」

我的心臟怦怦跳，等著蘇珊接著說出：「……但是，我要把妳像垃圾一樣扔到街上。」

可是解雇的斧頭並未落下。她接著告訴我，她留意到我可能是自己最大的敵人。「我注意到妳好像會在深夜回覆電子郵件。眞的是三更半夜。回信內容透露出急切、凶悍，還有幾近不得體的直接。比如昨晚妳回覆喬伊的郵件。他要求使用妳的部分訓練素材，妳不僅回絕，還洋洋灑灑、詳細列舉他的要求哪裡有問題。我知道妳和喬伊過去有很多恩怨，但眞的需要在晚上十一點這樣回應嗎？妳眞有必要在轉寄給這麼多高層人士的信件中談論你們兩人私下的恩怨情仇嗎？」

還沒等她說完，我立刻進入自我防衛狀態：用反擊來終結這種極度痛苦的不適。我馬上展開慷慨激昂的說明！換句話說，我用衝動反應來回應有人談我的衝動反應問題！**哦，所以妳認爲我的電子郵件太過直接？好啊，讓我用強烈的衝動反應方式回應，給妳看看我有多麼不衝動反應！**

當然，因爲那時我忙著大聲抱怨、叫囂，並不知道自己的迴避到達了非常活躍的狀態：「我只是想說清楚，我沒辦法接受他用我的素材去改編。他以爲他是誰啊？」我的心臟在胸膛裡劇烈跳動，聲音大到我幾乎聽不見自己的說話聲。

蘇珊用親切穩重的眼神看著我說：「盧安娜，我完全懂妳的意思。妳的做事能力很強，我知道喬伊這個人有時對待妳的方式並不合理。可是我要偷偷告訴妳，有時妳可能有點……容易衝動，行事輕率。」

她繼續說道：「眞的沒必要在晚上十一點回覆電子郵件。在某些狀況下，這麼做可能會妨礙妳成功。」

我努力忍住熱淚，感覺自己在這場對話中無數次變得咄咄逼人。蘇珊一直保持冷靜沉著，她注意到我明顯的不自在，向我保證這沒什麼大不了的，她只是希望我能「好好想一想」。她一說完，我立刻覺得稍微輕鬆了些，因爲這場談話結束了。我確定自己的潛意識正在對我說：「看吧，反擊永遠有效！猶豫的時候，舉起拳頭戰鬥就對了！」

離開她的辦公室後，我不停思索她說的事。談到回覆電子郵件這件事，我眞的太衝動了嗎？她說的有道理嗎？我迅速回信，爲的是迴避自己的焦慮嗎？我不確定，但也無法反駁蘇珊的說法。我的意思是，**沒錯，我快速回了信**，我記得自己迷迷糊糊地走回辦公室。**但這只是爲了向別人證明我有多能幹！難道我應該放著那些電子郵件不管？**一想到所有公務電子郵件堆積如山，就讓我快抓狂！假如我今晚處理掉它們，就不必感覺我把這件差事留到第二天。如果在乎是一種罪行，法官大人，我確實有罪。

我離開她的辦公室時，很懷疑她說的話有幾分眞實。我花了那麼多時間教別人如何克服迴避，難道自己眞有可能也在迴避嗎？但就在我和蘇珊這場緊張不安的對話發生不久後，我收到一封讓我火冒三丈的電子郵件。郵件主旨寫著「攜手合作」，我一看到寄件人是誰，大腦就感知到危險，使我立刻進入全面反應性模式：「哦，你說眞的？攜手合作？爲什麼**我**拿到補助，你就想要攜手合作，但**你**拿到補助時就從未邀我攜手合作？」想不到單單一封跟自己有過節的人寄出的電子郵件，就能啓動我的戰、逃、僵反應。

雖然我很有理由不滿這封電子郵件，因爲這個同事長期以來一直輕視我，但接下來發生的事恰恰符合蘇珊對我的行爲的描述。我又繼續攻擊了，沒有認眞思考自己想說的話就倉促寫好回信。我哪有辦法嚴謹地思考呢？我的前額葉皮質失去了理智。我一寫完這封電子郵件，就感到一陣寬慰，正義得到了伸張！迴避棒極了！

就在按下「傳送」鍵之前，我腦中及時閃現這麼做會帶來的惡果：明天早上醒來時，我會對這封電子郵件的語氣後悔不已。此外，我也得再一次面對不經思索就做出回應的後果。我會懊惱自己明知同事已經很憤怒，卻不直接找他談一談，而是寄出一封電子郵件。接下來的發展令人擔憂啊！的確，點擊「傳送」鍵一時可能覺得很痛快，但之後可就有大麻煩了。

那天我沒有寄出這封電子郵件，而是跟蘇珊約了個時間，想聽聽她的建議，看我該怎麼好好處理這個情況。我選擇的反應跟自己眞正想做的事完全相反，可是我知道如果按下「傳送」鍵，自己會再一次陷入迴避中。

雖然我在這個例子當中阻止了自己不假思索地反應，但很多時候我先生會比我更早注意到它的出現。舉例來說，如果我開始洗碗又做飯，同時又想跟他談一些重要的事情，他往往會問：「妳在擔心什麼事嗎？」（他很厲害！）我過去總以為自己是同時做好幾件事，但現在回想起來，我只會在想逃避焦慮時才同時間做很多事。而且這種行為有高昂的負面代價：它快把我的家人給逼瘋了，而我最後也會筋疲力竭。

思考這一點很重要，因為我們有時只想到迴避帶給自己的代價，卻沒考慮到它也會對摯愛的親人帶來負面影響。保持忙碌是我試圖消除不適感的一種方法，可惜它是比我強的鬥士。

迅速回覆電子郵件和忙著處理各種家務，兩者都可能是反應性迴避的展現，但它們並非唯一的反擊方式。由於許多處境都可能產生不適，因此大家的衝動反應也就形形色色，不一而足。然而，所有的反應性行動都有一個共通點，那就是它們都打算攻擊讓你焦慮的事物，才能消除不適。讓我舉幾件個案的例子，幫助你更善於辨識自己的反應性迴避。

生產力的陰暗面

史丹佛大學教授約翰．培利博士在一九九五年創造了**「結構式拖延」**一詞，描述人會去做很多自己待辦清單上的「要事」，為的只是逃避眞正需要被完成的事務。①培利提到：「我著手撰寫這篇文章，爲的是不做其他那些事」——也就是他工作上必須做的事，比如改報告。培利率先指出的現象是如今許多人所謂的「有效拖延」（productive procrastination）。培利說，有效拖延者「會積極去做困難、費時且重要的任務，只要這些任務能讓自己不必去做更重要的某件事」。

這是一種鬼鬼祟祟的反應性迴避，因爲我們往往會做感覺很負責任的事，既然如此，那怎麼算是迴避呢？可是我們必須再次考量迴避的定義：（一）我的大腦感知到威脅嗎？（二）我覺得不舒服嗎？（三）我的回應提供自己快速的解決方案嗎？（四）有負面的後果嗎？

讓我們看個實例。我先生大衛是退卻迴避型的人：如果他能鑽進自己的腦袋瓜裡，試著用思想克服自己的焦慮，他肯定會這麼做。不過就像包括我在內的任何人一樣，他採用的迴避策略不只一種。比方說，當我瘋狂衝刺趕著寫完本書時，我們也即將迎來十二位訪客到我家暫住，慶祝我的生日（這是一種拉丁習俗）。傳統上，有客人來訪時，我通常會準備得有點過頭：換上新床單、用吸塵器清掃小地毯、採買各種生鮮食品要烹調我們鍾愛的巴西佳餚等等。但這回有截稿期限，所以沒辦法做任何我通常會做的事。另一方面，大衛面對這些情況多半比我冷靜，他平常不會緊張不安。可是這一次他忙個不停，做了一大堆事。光是過去幾天，他粉刷過露天陽台的欄杆，換過電源插座，爲主臥床組買了新的床罩，重新布置了車庫等等。

起初，這出色的家務工作效率深深打動了我，但是昨天吃晚餐時，我開始注意到些許反應性迴避（或稱「有效拖延」）的跡象。大衛是波士頓大學教授，新學期將在三週後開始，這代表他需要爲秋季課程備課。所以昨天晚餐時，我問了這幾天一直很想知道答案的問題：「備課進展順利嗎？」開玩笑，大衛娶的可是「迴避大師」，所以他不好意思地笑了笑，喝了一口葡萄酒，向我坦白：「沒錯，我在迴避它。不過我完成了這麼多家務，不也很棒嗎？」我們兩人都笑了。那**確實**很棒，可是我也明白，等客人抵達，他會付出代價。最終他還是必須爲新學期做準備，如果屆時他還沒完成備課，就無法好好享受我們的家庭聚會，這樣他會很難過。因此，他答應我（還有他自己）會盡快處理自己的迴避。（寫這段文字時，我看見他在外頭教迪亞哥打籃球：這畫面很可愛沒錯，但是對他即將到來的新學期沒有幫助。迴避症又發作了！）

不過我不想讓你誤解：有效拖延並非總是一種反應性迴避的形式。它必須和付出代價有關聯，才能稱爲「有效拖延」。比如我的朋友賈奈娜是那種待辦清單永遠很長的人，但她總能以某種方式完成每一件事，也不會對冗長的待辦清單感到焦慮不安。對賈奈娜來說，這就是她的生活方式。所以如果你也是如此，沒關係的。對我來說是迴避的作爲，對你也許不是，反之亦然。

是痛苦都遠離了，因爲我一心一意專注在發文上。但老實說，過了一會兒，我只覺得很噁心。這可不是什麼讓人舒服的心態。」他看起來確實滿沮喪的，我可以看見這舉動給他帶來的羞愧感和焦慮。無論理由是什麼，他顯然陷入了迴避的困境卻不知如何脫身。

雖然你和社群媒體的關係可能會導致不同的結果，但是對安格德來說，它造成了反應性迴避。他看見某些事物（比如其他男性身旁有迷人的女友），就會觸發他的大腦以「我是魯蛇」的形式感知到危險，接著立即引發他的不適感，或者用他的話來說：驚慌失措。爲了讓自己迅速覺得好過些，他會發布一張又一張照片。發布照片能暫時、快速地緩解這種痛苦，但因爲這是反應性迴避，它並不能長久抑制這種痛苦。

難道在社群媒體上活動就代表我們的作爲是反應性迴避嗎？在社群媒體上連珠炮般地發文是我們安撫自己負面情緒的一種反應。可是談到在網路世界的互動，人滑手機時可能會有其他的情緒反應。對有些人來說，負面情緒可能會導致完全退避：他們完全不用社群媒體，才能盡量縮減害怕與他人比較的恐懼感（恕我發表個人觀點：這也許不是糟糕的策略，它跟避免吃速食很類似）。其實有研究指出，有些人之所以開設ＩＧ小帳，其中一個理由是躲避社會審視。⑦我有一些個案會花好幾個小時滑社群媒體，藉此躲避諸如撰寫一篇大學作業之類的事情。如果你發現自己比較屬於退卻這類型的人，但是仍舊想在這些社群平台交流，我建議你運用**轉換觀點**這項技能（詳見本書ＰＡＲＴ２）去改變你和社群媒體的關係。

發簡訊緩解焦慮

在戀愛關係中，透過衝動反應來迴避的模式往往很早就會出現。這裡舉菲洛梅娜為例。來自厄瓜多的菲洛梅娜年幼時就被慈愛但年紀很大的雙親收養。她沒有兄弟姊妹，她說自己總是處於輕微的不安中。她媽媽告訴我，菲洛梅娜向來很怕與他們分離。從她很小的時候開始，只要媽媽外出，她就會感到心煩意亂、惶惶不安，不知道媽媽是否還會回來。菲洛梅娜告訴我，她總是害怕被遺棄（被收養的孩童常見的一種恐懼），跟人交往對她來說很難，因爲她經常覺得無法避免的壞事隨時都可能發生，然後她又會遭拋棄。我遇見菲洛梅娜時，她已經是大學生，據說在學業和社交上都表現得很好。但是她生活中有個面向一再陷入困境，那就是與異性交往。

菲洛梅娜上大學後開始約會，起初沒有固定對象。她說自己沒辦法接受「輕鬆隨興」的關係，那會讓她很不安，於是她試著跟幾名男子認眞交往。雖然這麼做讓她覺得安心，但她很快就開始稱他們爲「男友」卻讓他們迅速與她保持距離。她會在相識沒多久立刻要求正式交往，這會讓他們大驚失色，此時菲洛梅娜就會按照自己的（反應性）方式與對方分手。

但是事情開始有了變化。在我們首次會面時，她已經和泰德約會了好幾個月，感覺自己開始愛上他，但苦惱的是，她覺得他開始有點疏遠了。約會生活壓力重重的情緒擺盪讓她走進我的辦公室。

菲洛梅娜向我解釋說，在她約會過的所有對象當中，泰德是她覺得相處起來最舒服的那個人：他可靠、有禮貌，總是讓她很安心。

「聽起來很不錯呀，所以……問題出在哪裡？」我問。

「問題在於，我沒辦法和泰德分開。我知道我們應該擁有自己的朋友和興趣，可是妳知道嗎？我好怕。他一直說想要保有一點自己的時間，這樣才能和哥兒們出去玩。我想要他開心，所以我們試了好幾次……結果卻糟透了。我眞的很沮喪，也很不安，雖然我並不想這麼做，可是我會狂發訊息給他。最近一次就發生在上週五晚上，我知道他和朋友出去打撞球，可是即使知道他人在哪兒、和誰在一起，我還是擔心得不得了。」

此時她拿出手機，開始朗誦他們的對話訊息。

「『嘿，一切都好嗎？』笑臉表情符號。沒有回應。我試著別再傳訊息給他，因爲他要求我給他一點空間，但是過了兩分鐘以後，我實在忍不住了，又傳了訊息：『你們玩得開心嗎？』滿滿的表情符號。」

「此時妳有什麼感覺？」我問。

「我超級不安，想知道他爲什麼不回我訊息。同時我也很擔心，該不會是因爲他出了車禍才沒回訊息？也許遇上酒後上路的駕駛人或什麼的。我腦海中一直浮現他橫死在某條溝渠裡的畫面。說不定是他認識了另一個女孩！所以我開始不停連發大量訊息給他……『嘿，泰德，你還好嗎？你怎麼不回我訊息？你在生氣嗎？我做錯了什麼事嗎？』」她突然住嘴，意識到這種行爲在公正第三方眼中會是什麼模樣。「我知道這看起來很愚蠢，可是在那個當下我覺得這麼做很合理。我只是需要知道一切都好，每發一則訊息都能讓我略感放鬆，可是他不回應會讓我更焦慮不安，所以我只好不斷傳訊息給他。」

「後來他有回妳嗎？」

「嗯，他最後終於傳了訊息。」她邊滑手機邊念：「『我很好，但這樣傳簡訊很不行。』」

她搖了搖頭。「我很傷心！不過我也知道他是對的。問題是，我不知道怎麼在焦慮不安時阻止自己。我愛泰德，如果不學著控制這類衝動，我擔心會趕跑他。這是我的錯，但是手機讓我很容易這麼做。」

事實上，談到使用手機與它如何改變人對約會的理解，菲洛梅娜不是唯一這樣想的人。美國民調機構皮尤研究中心在二〇一九年指出，全球有五十億人擁有行動裝置。[8]另有研究指出，全世界僅有三十到四十億人擁有牙刷。[9]讓我們靜下心來好好想想這兩項數據：地球上擁有手機的人數遠多於擁有牙刷的人數。這些裝置和牙刷不同，它們會不斷傳送訊息、發出聲響，一整天不停糾纏我們。卑微的牙刷對我們的要求是一天兩次，每次兩分鐘。（更不用說不起眼的牙線了。）

你或許從經驗中明白，也在菲洛梅娜的案例中看見，我們有時會以不是那麼有幫助的方式使用手機。我明白這說法令人震驚。

什麼？盧安娜博士，妳是說智慧型手機有時不一定能讓我們以理智或理性的方式行事嗎？妳好敢說喔！

我知道這說法有爭議。許多研究顯示，不斷檢查手機、末日狂刷（doom scrolling，譯注：指花很多時間在網路上閱讀負面新聞和壞消息，陷入恐懼焦慮的循環而不自覺）和狂發大量簡訊，都跟悲傷、焦慮和壓力有關。[10]彷彿展開一段新關係所承受的情緒和意想不到的困難還不夠受似的！如今我們也不得不面對嘗試運用手機發訊息（有時甚至還得使用現代版本的象形文字）進行有效溝通帶來的情緒後遺症。如果我們沒有得到伴侶的回覆，焦慮就會滋長。一項特別相關的研究顯示，焦慮的人送出訊息後，如果沒有在十五分鐘內收到伴侶的回應，他們的血壓會比收到最無趣回覆（像是對天氣的乏味評論）者的血壓更高。⑪等待那三個小點（表示有人正在打字）出現，或者更糟的是眼睜睜看著它們出現又消失，這種痛苦是眞實存在的。

對菲洛梅娜來說，在等待期間又傳一則訊息是緩解壓力的一種方法。期望下一則訊息能聯絡上對方，如果很快就能收到回覆，會讓她得到片刻輕鬆。但是當泰德沒有回應，她的焦慮益發增強。這就是熟悉的迴避模式——短期得利，長期無益。菲洛梅娜的反應性迴避讓她陷入了困境。

滴答、滴答……轟！

對我的一些個案來說，強烈的情緒不會讓他們只是宣洩一下，而是演變成轟炸掉人際關係的情緒爆發。情緒爆發或宣洩情緒是反應性迴避的另一種表現，通常發生在假警報感覺近在咫尺或已無法逃脫時。⑫舉奧利佛爲例。他走進我的辦公室，想解決憤怒問題，雖然他一開始不認爲自己眞有問題。奧利佛告訴我，女兒在父親節送他一份搞笑禮物：一捲膠帶，她們在上頭寫著「在危急關頭用它封住奧利佛的嘴」。她們建議他把這份禮物帶去辦公室，放在桌上，這樣他下次感覺憤怒快要爆發時，就能及時制止。

儘管這份禮物理當是個玩笑，但奧利佛告訴我這捲膠帶的來由時可笑不出來。他說自己其實很震驚，原來最親的家人是這麼看他的。他知道自己向來脾氣火爆，可是從未把它看成什麼嚴重的問題。因爲有些人冷靜沉著，有些人暴躁易怒。他認爲自己講話率直、一針見血，而且他最終希望爲他工作的人能展現出最優秀的特質。「沒錯，也許我表達自己意思的方式不是最優雅，但同事禁不起批評，怎麼會是我的問題呢？」

「這問題倒是言之有理。」我承認道，想要附和他：「不過，倘若這是其他人的問題，你爲什麼會在這裡呢？」

結果發現，這次晤談並非出於奧利佛本人的選擇。奧利佛最近一次在公司發飆後，直屬上司、也就是執行長命令他找個人處理他「實話實說」的傾向。

我告訴他：「奧利佛，我完全懂你的處境。很多人也跟我說，我講話有時太直接、過於魯莽，往往會惹人生氣。」

「眞的嗎？」奧利佛似乎不相信坐在他面前的這個嬌小有禮、出身巴西的新英格蘭博士會有像他的地方。

奧利佛似乎有點不自在——這很合理，也許習慣起衝突的人總是「有點煩躁不安」。我們在個性上似乎沒有太多共通點，所以我想碰碰運氣，看能否讓他稍微放鬆，在理智腦帶路下開始今天的諮商。沒有人會把我誤認爲喜劇演員，可是我可以說個笑話，至少是有點好笑的故事做爲開場，試著重設他的神經系統。

「告訴你一件好笑的事。」我對奧利佛說，希望他能相信我：「我剛來美國的時候，只會說幾句英語，所以我透過聆聽別人說話學習怎麼表達。畢竟在大多數學術書籍中看不到俗語。剛到美國的頭幾年，我老是告訴朋友我不大懂『在樹叢周遭拉屎』（shit around the bush）這說法，但他們總是禮貌地點點頭，卻一臉困惑地看著我。」

奧利佛看起來也很困惑，我安慰他說困惑其實是正確的反應。

「大概在我說『在樹叢周遭拉屎』說了十年以後，有個朋友終於告訴我：『嘿，盧安娜，妳知道這句成語其實是「在樹叢周遭敲擊」（beat around the bush，譯注：指說話拐彎抹角、旁敲側擊）吧？』我不知道！我當然又一次覺得很糗。巴西加油站的廁所基本上很可怕，所以開車旅行時，路旁的樹叢是更好的選擇，也就是說，我是『在樹叢周遭拉屎』的環境中長大的。」

我承認自己不是巴西傑瑞．史菲德（就連我的喜劇參考對象都過時了！），不過奧利佛笑了，看起來略爲放鬆了些。任務圓滿達成。於是我迅速試著了解奧利佛是怎麼看待自己的憤怒。我請他談自己的憤怒戰勝了理智，或在職場上造成問題的近期事件。

他舉的例子是，直屬部下在一份財務報告中犯了一個嚴重的錯誤。當時他坐在辦公桌前，立刻怒不可遏，幾秒鐘後，他氣沖沖地走到她的辦公隔間「據實以告」——他是這麼說的。

我問他，假如有個觀察者在那一刻從旁看見他的作爲，會注意到什麼？

他停了下來，彷彿不習慣從這樣的角度看待自己。「這個嘛，我想我講話速度很快，而且可能提高了音量。」

「可能？」我問。

「好吧，我確實提高了音量。我可能仔仔細細地把報告裡有錯的地方全部罵了一遍。」

「了解，然後呢？」

「我想我氣沖沖地走出那裡？」

「當你『據實以告』的時候，有什麼感覺？」

「我想，在那一刻我覺得很棒。也許不是棒，而是稱職。負起了管理的責任。總得有人拿出氣魄指出錯誤，否則我們會像是來混的。或許還能教我的訓話對象一、兩件事。」

「好，所以你糾正屬下的錯誤。接著發生了什麼事？在這段對話後，你覺得很棒的感覺持續了多久？」

「沒有很久。我開始覺得很糟，因爲我或許做得太過頭了。她犯了錯，我大聲怒斥，那可憐的女人看起來快要哭了。我並不想欺負她，可是每當有人交出垃圾報告，就會一秒惹怒我，因爲他們得做好自己的分內差事，我才能執行自己的工作。我的職責可不是當他們的保母。我整天賣命工作，最不需要的就是有更多工作要做。」

我問他這種情形有多常發生，答案似乎也讓他感到驚訝：「幾乎每週都會發生一次。」他隨即補充說：「沒辦法呀。妳知道的，如果有人搞砸事情，我就得收拾爛攤子。那是我的職責。」

「要是你沒有衝進同事的辦公座位朝對方據實以告，會怎麼樣呢？」

「什麼？難道妳要我默不作聲？那可不成。我想我會氣到爆炸。我得立刻做點什麼來解決問題！」

我懂他的意思。奧利佛每次看見屬下犯錯，他的大腦就會感知到「危險」，而這個假警報會帶來強烈不適，像是在焦慮量表上從零衝到一百萬。因此，他必須做點什麼好讓自己冷靜下來。他做的是破口大罵、獨斷獨行、據實以告。等他「料理」過屬下之後，怒氣會暫時下降，可是代價是什麼呢？在奧利佛的案例中，他被人資警告過好幾次，職涯也搖搖欲墜。

奧利佛的行爲跟許多人避免強烈的挫折與惱怒的做法類似。探討工作環境的研究指出，面對引發憤怒的情境，有將近半數的工作者會表現出自己的怒氣。⑬尤其是從事高壓工作的人，比如醫師或軍人，往往會做出衝動反應。醫療人員說自己在新冠肺炎爆發期間經歷了焦慮升高和憤怒加劇。⑭升高的壓力狀態也導致前述憤怒的無益表達。⑮別忘了，衝動反應是針對威脅或引發強烈情緒的任何事物所產生的生理驅動反應，但是這不代表衝動反應不會爲我們帶來問題。

哦，別誤會：偶爾發洩一下不打緊，比如打電話給密友抱怨特別不順的一天，或是進行某種特別累人的健身訓練，消耗過盛的怒氣。不過，當衝動反應損害我們的家庭或職場人際關係時，它毫無幫助。

反應性迴避與你：使用手冊

前文已經提過很多次：當你爲了快快感覺好過些而做出某個衝動反應，但長期來看卻得付出高昂代價，這才算是迴避。你應該已經發現，人們會用各式各樣很有意思與有趣的方式來自我破壞。與其逐一描述我遇見過的**所有**反應性迴避事例，我決定將個案爲了迴避而採取的種種衝動反應整理成簡短的清單（詳見本章結尾）。閱讀這份清單之前，請謹記：這只是一份用來說明的，而不是最完整可靠的清單，因爲判斷是不是迴避的重點在於**爲什麼**你要做某件事，而不是你**正在做**什麼事。所以對某些讀者來說，這些例子可能無法顯示出衝動反應。

衝動反應何時並非迴避？

必須注意的是，做出衝動反應有時並非迴避，這一點很重要。堅定自信、保護自己不受攻擊、在激烈對話中（有禮貌地）說出自己的心聲，全都是有正當理由採取反應性回應的例子。如果這個「爲什麼」是合理衝突下的實際自保，代表這是眞實的威脅，而非感知的威脅。

歸根究柢，原因在於……

就本章的所有例子來說，反應性迴避包括有效拖延、比較和衝突等形式。雖然這些例子的主角採取的行爲各不相同，但這些衝動反應有一個共同的功能：透過做某件事平復強烈的情緒，進而暫時覺得好過些。想要確認自己是否陷入反應性迴避當中，像我就時常如此，你可以從情緒爆發一旦結束，還得設法收拾殘局得到證明——那種感覺很糟。在找出解決對策之前，我們得先了解這種迴避背後的成因。

衝動反應

面對不適，常見的一種反應是反應性迴避，也就是採取行動，消除大腦感知到的任何潛在威脅。

以下是人們可能採取的衝動反應：

- 提高音量或破口大罵。
- 推撞、抓住或伸手觸碰某人。
- 打斷對方或迅速回應。
- 以咄咄逼人的態度面對某人的提問或疑慮。
- 橫眉怒目地瞪人。
- 使對話逐漸淪為爭論。
- 迅速回覆電子郵件。
- 工作過度或過度承諾。
- 輕率地辭去工作。
- 為了討論難題而安排額外的會議。
- 安排過多的活動。
- 未經校對就提交工作成果。

- 完成其他不重要的任務（也就是有效拖延）。
- 在社群媒體上封鎖他人。
- 在嘗試不那麼急躁的方式之前，先將問題向上呈報到更高層主管。

第7章

內心急躁的背後有科學根據

超級英雄！他們充滿驚人的力量，能做任何事，包括把我五歲的兒子迪亞哥牢牢黏在電視機前長達醫學上不安全的一段時間。迪亞哥非常喜愛所有的超級英雄，他央求我們每天晚上哄他睡覺時編一則新的超級英雄故事給他聽。這下讓我覺得自己就像漫威公司不支薪的實習生。在眾多超級英雄當中，我兒子最愛的是蜘蛛人。他能爬上高樓並從手腕發射蛛網的點子，很吸引迪亞哥。每當我們允許兒子觀看半小時的《蜘蛛人與他的神奇朋友們》動畫影集，他都會看得目不轉睛，一動也不動。大多數時候，他會按照規定的時間看電視，時間快到時我們會提醒他，他就會按照日程表進行下一件事：去浴室洗手，準備吃晚飯。可是如果那天他比較累，我和大衛就會特別提防，因爲試著關掉電視通常都沒有好下場。就拿昨天爲例，當迪亞哥的卡通時間結束，他倒在地上，像統治某個富裕無名國家的小小獨裁者般，強硬要求要看更久的卡通。我在他大發脾氣的過程中從旁觀察，他顯然覺得自己的世界就要毀滅了，而傳達這種末日的唯一方法是盡他所能地高聲尖叫。他彷彿努力想表達：「該死，女人，難道妳不明白這代表什麼嗎？如果**現在這一刻**我不能看更多蜘蛛人卡通，我就慘了！毀了！完蛋了！」

這些情緒爆發對任何父母來說（包括我自己）實在莫名其妙，儘管我們試著跟孩子講道理，但這不容易。幼童無法完全控制自己的情緒，因為人類大腦得等到將近三十歲才發育完全。①存活不可或缺的大腦區域自然會先發展，好讓迪亞哥這樣的孩童為遠離危險做足準備，卻完全沒有能力處理比劍齒虎更細微末節的事，比如我關掉電視。②在這樣的求生大腦中，我們的老朋友杏仁核是不可或缺的一環，它是大腦的情緒中樞，如我們所知，它在偵測與回應威脅上扮演重要的角色。由於感知和應對威脅的重要性勝過執行複雜運算或傳達詩意的思維，大腦的思考區域（前額葉皮質）發育得比較晚。因此，當迪亞哥聲嘶力竭地尖叫，向冷漠的宇宙乞求時，他正處於情緒腦模式中，什麼理由他都聽不進去（至少得等到他大哭大鬧，弄得自己筋疲力盡之後）。

在思考腦完全發展並與大腦的情緒區域連結之前，我們很不會處理強烈的情緒。這就是爲什麼許多青少年和年輕人會做出輕率的決定並衝動行事：他們的內在煞車系統尚未充分發展。即使相差短短幾年的時間也會產生巨大的差異，例如：十八到二十一歲的年輕人在經歷強烈情緒時，比二十二到二十五歲的年輕人更難完成認知任務。③他們的情緒占主導地位已經夠糟了，再加上正在發育的大腦，那就像是煞車也被剪斷了！儘管如此，時間是思考腦發展的唯一必要因素。至於煞車系統的發展，則需要學習如何調節自己的情緒。

情緒調節

雖然每個人的體驗可能不同，但是大多數人都曾在某個時刻經歷過情緒凌駕一切的狀態。當情緒主宰大局時，想沉著冷靜、靠邏輯繼續前進通常是不可能的。研究人員和臨床心理師把奪回方向盤，並從激動狀態回復理性的這種能力稱爲「情緒調節」。④

人生的任何階段（包括童年）都能學習情緒調節技能。我們還小的時候，大腦正在快速發育，我們不斷學習如何回應自己的情緒。包括照顧者對待我們和管理他們自己情緒的方式，以及周遭的整體情緒氛圍，對於我們能否學會如何調節情緒都發揮著作用。⑤在烏托邦的世界中，我們擁有「完美的父母」和「完美的一家人」。父母會教導我們如何辨識自己的感受，並幫助我們學會帶著覺察、優雅來駕馭情緒的跌宕起伏。在這個理想世界中，我們明白強烈的情緒是自然的，而且從快樂到悲傷有一整套複雜的情緒，其間還有各種不同的層次變化。我們也會明白情緒本身，就算是強烈的情緒，也未必是不好的！如果具備這樣的知識，就知道我們無法逃避強烈的情緒，但最好能讓它們退居次位，別讓它們主宰我們的生活。

可是父母也只是平凡人，他們僅能以當下擁有的技能全力以赴。因此，沒有任何家庭能教導孩子「完美地」處理強烈情緒。（話說回來，要是少了放聲尖叫的幼兒和他們可愛的崩潰，人生會是多麼的無趣呢？）但若是我們不學習如何調節自己的情緒，最終會遇上情緒調節的邪惡雙胞胎：**情緒失調**。當我們的情緒變得很強烈，卻缺乏處理這種情況的技能時，情緒失調就會發生。

情緒失調與有害身心的冒險行為、人際關係難題，以及負面的身體健康結果等有關。⑥在一項大型國際研究中，研究人員調查了一萬兩千四百六十一名曾有急性心肌梗塞（也就是心臟病發作）的患者發現，一四%的人表示在症狀出現之前一個小時，他們曾非常生氣或不高興。⑦研究團隊在進一步分析後得出的結論是，生氣或不高興與心臟病發的風險增加有正相關。其他研究也顯示，憤怒和中風的可能性增加也有關聯。⑧換句話說，當我們的內在壓力鍋因為強烈情緒而爆炸，不僅得付出心情上的代價，還得付出身體代價！

某些人可能會面臨額外的障礙，這些會進一步妨礙他們學習如何管理情緒。童年遭受虐待就是「雙重打擊」的一個例子。在這種情況下，孩童面對增強的壓力源引發的強烈情緒，卻缺乏大人的榜樣示範如何有效回應這些情緒。近期一篇納入三十五篇文獻的回顧發現，遭受虐待的兒童情緒調節能力較差，而且更有可能在往後的人生以逃避來回應壓力源。⑨當研究人員試著了解大腦如何處理虐待和情緒調節時發現，與小時候從未遭受虐待的青少年相比，童年曾遭受虐待的青少年的確會動用更多的前額葉皮質腦區來調節自己的情緒。⑩換句話說，對於受虐兒童而言，活化思考腦去調節情緒其實要費更多的工夫。不妨把它想像成跑十五公里——馬拉松跑者肯定比只有趕不上公車才會跑起來的人更容易（且更不費力）完成這段路程。

發展情緒調節技能的另一種更常見障礙是研究人員所謂的「童年逆境經驗」（ＡＣＥ）。童年逆境經驗指的是從出生到十七歲之間發生的可能造成精神創傷的事件，比如家暴、身體或精神虐待，以及和有藥酒癮或飽受精神疾病所苦的人同住。⑪美國疾病管制與預防中心指出，大約六一％的美國成人經歷過至少一種童年逆境經驗，還有一六％的成人經歷過四種以上的童年逆境經驗。⑫童年逆境經驗和慢性疾病、心理疾患，還有青春期與成年時期的藥癮有關。⑬比方說，研究顯示，經歷過四種或更多童年逆境經驗的人，使用毒品的可能性高出十倍，⑭罹患憂鬱症的可能性高出四倍，試圖自殺的可能性則高出三十倍。⑮

既然你已經知道大腦具有可塑性，近期有篇科學文獻回顧顯示，童年逆境經驗也會影響大腦發展，這應該不會讓你感到意外。⑯這篇歸納許多研究的回顧指出，童年逆境經驗跟杏仁核過度活化及異常肥大有關聯。這項發現是有道理的，因為可想而知，比起無須面對持續威脅的人，那些經歷過童年逆境經驗的人會耗費更多時間在戰、逃、僵模式上，也就是有更多時間處於杏仁核主宰的狀態下。如果杏仁核時常掌權，它就會變得更強、更大。當杏仁核不斷增重肥大時，前額葉皮質就處在袖手旁觀狀態。這篇回顧中的神經科學發現顯示，經歷過童年逆境經驗的人，其前額葉皮質比起沒有這類經驗的人較不發達。我知道這裡提到很多科學知識，但最重要的是：經歷過童年逆境經驗的人，他們的大腦發展出衝動反應模式，這又反過來限制了他們調節強烈情緒的能力。

用情緒爆發逃避感受

儘管長期受虐和童年逆境經驗是童年經歷如何影響情緒調節的極端案例，但是有些人出於沒那麼顯而易見的種種理由而無法真正學會如何調節情緒。讓我們舉容易爆發的奧利佛為例，想想他經常發飆的傾向。奧利佛告訴我，他在軍人家庭中長大，他自己也曾從軍。奧利佛描述自己受到的教育和訓練灌輸他的觀念是：凡事總有「是非對錯」，就連一個人守不守規矩、穿著打扮、如何稱呼長輩都不例外。因此，人必須恪遵嚴格的行爲準則，並以特定方式行事，否則壞事就可能發生。對軍事任務而言，這是健康的態度，但它沒有保留太多的情緒彈性空間給眞實世界的平民。奧利佛如今的角色是美國企業界的主管，也希望事物都能分門別類、井然有序。一旦事情不如願，他就會大發雷霆。

必須注意的是，並非每個軍人家庭的孩子都會用同樣方式做出回應，不過數據顯示，十個軍人當中有三個會做出攻擊行爲。⑰不意外的，這種火爆反應並非只有軍事背景的人才有，它也常見於面臨其他高度壓力的人身上，比如警察、第一線醫師、消防員，但令人驚訝的是連教育人員，甚至廚師也有類似情形。如果某種工作經常出現緊張的局面又沒有犯錯空間，那麼這些產業的從業人員很有可能也會出現這種火爆反應，做爲一種迴避形式。⑱比如一項澳洲研究發現，專業廚師比一般大眾更具攻擊性。⑲（下次你在餐廳想把食物退回廚房之前，別忘了想想這一點！）就連發生在工作以外或早年的壓力都可能導致憤怒、攻擊和衝動升高。[20]無論壓力來源爲何，當杏仁核負責指揮，而哪裡都找不到思考腦，也就是由情緒掌控大局時，就會發生情緒爆發。這跟我們對恐懼和焦慮的了解類似，當前額葉皮質無法調節杏仁核的反應時，攻擊性就會增強。[21]

要切記的是，杏仁核不會直到遭遇某種程度的客觀威脅才開始加速運作。這一切都是非常主觀的，只要自覺有威脅，就會啓動戰、逃、僵反應。因此，某人的火警警報可能是另一人的平凡星期三。

牢記這一點，讓我們回到奧利佛和他的勃然大怒上。我和他發現最重要的一件事情是，從未有人教他在情緒主導、失控時，如何調節自己的情緒。

小時候，奧利佛的父母無意間教育他強烈的情緒是不好的，他必須將它們藏在自己心裡。奧利佛在家中看見強烈情緒的唯一時間，其實是他父親大發脾氣的時候，就像他現在表現的那樣。所以奧利佛學到，想要眞正展現他很生氣、失望或沮喪，唯一的方法是透過暴怒。由於奧利佛缺乏調節情緒的能力，因此他根本沒有表達能力可言。他可以在片刻之間從「完全沒事」變成「一級戰備狀態」！每當出現讓人洩氣的事，無論情節輕微或嚴重，奧利佛就會開始覺得緊張，心跳也會加快。他不知道該如何在這些時刻清楚表達挫折。這種因爲不知如何清楚表達挫折而產生的憤怒，會導致負面情緒不斷湧現，就像一個還不能說出完整句子的孩子那樣。奧利佛不知道還有什麼別的辦法，他只能以衝動反應和大吼大叫來逃避自己不斷沸騰的情緒。

緊張的局面不一定導致憤怒

聽著，並不是每個人都會用憤怒來迴避強烈情緒或緊張局面。當不適感上升到橘色，而非紅色時，有些人會做出較溫和的衝動反應。有趣的是，研究顯示，當威脅感覺距離很近且有針對性（比方某個粗心的駕駛人差點撞到走在斑馬線上的你或你的家人），我們更有可能做出衝動反應，而且會牢牢記住這種威脅。[22]所以下一次我們和家人過馬路時，就會進入緊急戒備狀態。即使衝動反應不是你的首選策略，但是當自己親近的人或事遭受威脅，你可能會化身爲「熊媽媽」，做出衝動反應來避免傷害。

反應性迴避這個議題遠比表面看到的更爲複雜。有許多其他因素也會影響我們的反擊意願。其中有兩種理由值得在此介紹：歸屬和依附的需求。

歸屬的需求

無論在職場、學校、團隊或社群媒體，我們全都有歸屬於某個群體或「部落」的演化需求[23]，不過某些人對這種需求比其他人強烈得多。團體的成員資格帶給我們安全感[24]、意義感[25]，甚至是自律的能力[26]。遭群體排擠對我們的身心健康構成眞正的威脅。被排除在群體之外的人飽受時間管理不善、離職、心律升高、對壓力性進食之類的事較無自制力所苦。[27]因此當我們感覺自己無所歸屬，戰、逃、僵反應就會啓動，這也能解釋爲什麼現代有許多人爲了在群體中保有好名聲，有時會感到焦慮。

因爲我們的歸屬需求跟戰、逃、僵反應的本能一樣強烈，當它受到威脅，我們往往會覺得必須做些什麼，有時這個「什麼」指的是反應性迴避。我必須承認，我很擅長這種事。到了人生這個階段，我已經充分意識到由於小時候擔心自己不夠好，我特別害怕無所歸屬。

當覺得自己可能沒有歸屬或在某種程度上「不如別人」時，我會有面臨威脅的感覺，並且會馬上採取行動。嘿嘿……我立刻感覺好多了！直到我不這麼覺得。比方說，大約十年前，我最大的目標是有朝一日成爲自己心目中名聲顯赫的麻省總醫院的研究室主持人。非學術界的讀者諸君，這個目標的意思是「你是搖滾明星，而且已經登上最頂峰」。因此，當我工作的中心有個副主持人的職位開缺時，我好興奮。當時我是團隊裡最資深的人，所以想當然地認爲我鐵定會拿到那個位子。然而，當我找剛上任的研究室主持人討論這件事的時候，她告訴我「只有擁有醫學學位的申請者」才會列入考慮。我好震驚！雖然我有博士學位，卻被淘汰出局！在那一刻，我不僅看見夢想離自己而去，也覺得我似乎不屬於這個機構、這份職業、這個團隊。我開始鑽牛角尖：如果我不是醫學博士（ＭＤ），就永遠無法主持研究室！我不屬於這裡，而且永遠如此！

儘管我有一百萬種方法可以處理這種處境，包括和上司進一步討論此事，但我閃躲逃避，而且還是以超級反應性的方式迴避。在與那個研究室主持人短暫互動後不過短短幾分鐘，我快步跑回辦公室，決定離開這個職位，另外找工作。如果我永遠無法成爲領導者，也不適合待在痲省總醫院，我最好另謀發展，而且要快！雖然在各位看來這麼做似乎有點輕率，但當時我完全不認爲這是迴避。相反的，我還覺得自己非常有先見之明呢！這一切看似相當合理。

因此，我立刻開始研究心理學職缺、寫求職信，甚至還請幾位信得過的同事幫我寫推薦信。只要著手做些什麼，就能讓我覺得稍微好過些（迴避的威力無窮！）。但忙了一整個週末，準備申請全美各地的許多學術工作後，我仍舊沒有感覺自己完全好轉。

這時大衛問我到底發生了什麼事。他溫柔地問我爲什麼這麼氣老闆？直到我開始說明整個狀況，我才意識到自己只是覺得受到威脅，就好像我因爲自己的學位（或者說，缺乏某種學位）而根本不屬於這個機構。大衛問我是不是眞的想搬去新的城市，還是有其他方法解決這個問題？在理性地把事情好好談開之後（哈囉，前額葉皮質！），我意識到自己又一次落入迴避模式。我對她的「僅限醫學博士」說法的衝動反應，是準備申請自己根本不想要的工作。雖然準備申請這些工作讓我感覺好過些，但這種輕鬆只是暫時的。而且這種緩解是有後果的，就像壓力鍋蓋炸開後會留下一團亂，我接著得向同事解釋自己其實沒有打算離開麻省總醫院（好糗！）。你可以看見，對抗迴避很難，即使像我這樣的「時髦學者」也不例外（好啦我知道，時髦的是我漂亮的紅框眼鏡！）。可是相信我，這是可以做得到的，我會在下一章幫忙你擬出行動方案。在這之前，讓我們想想陷入反應性迴避的另一個理由：依附焦慮。要做到這一點，請容我多說一些個案菲洛梅娜的故事。

哦不，別走！依附焦慮

菲洛梅娜的反應性迴避背後成因有點不同。她的衝動反應不是因爲憤怒或沒有歸屬感，而是直接回應她最深的恐懼：遺棄。你可能記得菲洛梅娜小時候就被領養，跟很多被收養者一樣，她也對人際關係感到不安和焦慮。㉘在和泰德交往的這段關係當中，唯一能讓她安心的方式就是待在泰德身旁，否則她就會覺得焦慮。這讓她很不安，導致她一次又一次地發訊息，試圖感覺自己就在泰德附近，哪怕只是片刻。你和愛慕的人曾經在戀情中有過這樣的感覺嗎？唯有實際距離很近才能安心？或許你並沒有一直傳訊息，可是會追問下列這類問題，希望能消除疑慮：

你愛我嗎？

我們沒事吧？

你在生我的氣嗎？

這也發生在菲洛梅娜身上，因為她無法忍受持續不安，所以她會向泰德尋求安心，確認他們的戀情一切都好。心理學家運用**「尋求再保證」**一詞描述人陷入透過提問得到確認的模式當中。由於尋求再保證是溫和形式的迴避情緒，會以含蓄的方式出現，所以大家往往不會注意到它。㉙每次菲洛梅娜問泰德是否愛她，而他向她保證自己確實愛她，她就會覺得好過些。

然而，再保證的甜蜜安慰並不是這裡唯一的動力。菲洛梅娜的行爲也受到她學會如何與人連結（或「依附」）的方式所影響。[30]**「依附類型」**的觀念近幾年逐漸廣爲人知，很多人可能都聽過四種不同的依附類型：焦慮型、迴避型、混亂型和安全型。在依附理論當中，菲洛梅娜堅持要得到回應被描述爲**「抗議行爲」**。抗議行爲指的是爲了改善與伴侶的關係或得到對方的注意而採取的任何行動。[31]我時常認爲抗議行爲是一種反應性迴避，因爲我輔導過的每一位和菲洛梅娜面臨類似處境的個案都說，這種渴望讓人出於本能地感覺很迫切。這在心理上幾乎相當於「嘎嘎作響的輪子才會被上油」（譯注：這是字面直譯，衍生意思是「會吵的孩子有糖吃」），只不過他們得到的不是潤滑油，而是短暫的情緒舒緩。他們的衝動反應是抗議，而這暫時緩解了焦慮，但是你可以從菲洛梅娜的身上看見，這麼做對她的戀情造成嚴重衝突。

而且我們的朋友菲洛梅娜並不是唯一這麼做的人：有一百三十二項研究結果指出，像菲洛梅娜這種屬於不安全依附類型的人，在人際關係中感受到的滿足感較少。㉜你是否曾在自己的感情關係中注意到類似的衝動？也許你迫切想頻繁地確認和再確認自己與伴侶之間的連結？你可能不會傳送一連串的訊息，但會突然從伴侶的生活中人間蒸發，或者跟對方冷戰。也許你試圖讓爸爸、媽媽或某個朋友感到嫉妒。

身爲她的臨床心理師，我能理解菲洛梅娜這麼做的動機，可是身爲一個人，我對菲洛梅娜的作爲能感同身受，因爲小時候我也曾非常焦慮。我記得十二歲那年，有一天懇求媽媽讓我待在家不去上學，因爲我深信只要離開，幾個小時後等我回家，就會發現媽媽遺棄我了。這些折磨人的經歷塑造了我們，有時需要成年的自己開創一條向前邁進的新道路。人們很容易認定這些狀況並不公平，也許確實不公平，但更有幫助的可能做法是，把它們視爲一次機會，打破對自己不再有用的舊習慣，進而打造更健康的生存模式的契機，這麼一來，我們可以變得勇敢。這正是我們在下一章要學習的。

什麼年紀都能學習

我們終其一生都能持續強化自己的情緒調節技能，這對你我所有人來說都是個好消息。我們現在知道大腦在整個生命週期都能持續改變[33]，而情緒調節則是一種學習永遠不嫌太遲的技能。研究人員指出，年輕人和年長者學習調節情緒的潛力並無差別。[34]因此對老狗來說，學新把戲永遠不嫌晚。對於經歷過童年逆境經驗或一直以迴避模式過日子的人來說也是如此。你我的起點或許不盡相同，而且有些人可能比其他人容易上手，但是我們都能學會將情緒調節得更好。不妨把它想成保持良好健康：五十歲時要保持身體很健康當然比二十歲時難得多，可是透過正確的訓練和努力，變成健美人永不嫌晚。此外，我的研究顯示，即使在最具挑戰性的條件下，發展情緒調節能力仍舊是可能的。

我們在麻省總醫院的團隊（社區精神病學實證療法施行與傳播研究方案）從二〇一四至二〇一九年間和一家名叫洛卡（Roca, Inc.）的社區組織合作。洛卡的創立是為了支援沒辦法或不願意參加其他相關方案的高再犯罪風險與高失業風險的年輕人。洛卡很能理解服務對象。他們知道自己服務的高風險年輕人需要調節自我情緒的技能，可是這項方案找不到既有科學爲基礎、又能在街頭派上用場的課程。因此，洛卡與我們聯手合作，共同創造出一門以情緒調節技能爲主軸的課程，由青少年輔導員傳授。㉟

在五年的合作關係中，爲了符合洛卡和他們的服務對象（主要是涉入刑案的年輕人）的需求，我們反覆測試與改良這門課程。㊱後來合力創造的最終方案不僅深受喜愛、實際可行，也確實有效。針對九百八十名在二〇一四至二〇一七年接受過洛卡服務的年輕人進行的評鑑發現，比起未曾運用過任何情緒調節技能的年輕人，至少有過一次學習或運用情緒調節技能經驗的年輕人退出相關方案的風險降低了六六％，找到工作的可能性則提高了六五％。㊲容我爲你說明這些數據的背景：接受洛卡服務的年輕人每天參與相關方案，就表示他沒在街頭廝混，也不會回去坐牢。你可以想像這些數據讓我們有多振奮，可是這些年輕人分享的澈底轉變故事也同樣鼓舞我們。其中一個人說：

〔這些技能〕毫無疑問教會我如何排解自己的憤怒……〔並且〕關注我的反應，因爲我通常很衝動……我總是……發現自己必須踩一下煞車，眞的得控制我的想法、我的行動……還有我的感受。

而且我們不只聽見這些年輕人的心聲，這家機構的青少年輔導員也見證了發展情緒調節技能帶來改變人生的巨大影響。

今天……我的個案有嚴重的憤怒問題，他會破壞房子，這就是他做的事……所以他和女友大吵一架，女友把他趕出屋外，他還繼續在那裡破口大罵。接著他打電話給我，說了「我順勢而爲，我順勢而爲」之類的話（這個詞與一種情緒調節技能有關聯），然後就掛電話，離開了。顯然他對這件事還是有很多情緒，但並沒有採取任何實際行動。他沒弄壞女友屋子裡的任何東西，也沒打破任何一扇窗戶……我不認爲我以前能阻止他這麼做。所以對我來說，這就代表「對，沒錯，這方法眞的有效」。

所以正如你所看見的，就連遭遇過很多壞事後的年輕更生人，也能學會這些必要技能，在他們的情緒想要掌控局面時踩下煞車。我們與洛卡最後分享的這套技能，跟我在本書中教你的技能依據的科學知識是相同的。

如果你跟我一樣會做出衝動反應來迴避，無論是未經思考就傳訊息給某人，或是在社群媒體上本能反應地發文，重要的是必須明白，我們這麼做只是想要覺得好過些。在這些時刻，我們的情緒會瘋狂駕駛，試圖避免感覺不適。如同我們在本章中所見，儘管駕駛風格和背後的成因差異很大，但是以衝動反應來迴避仍舊是共同點。現在我們了解相關的科學知識，接下來讓我們學習如何踩煞車並活化思考腦。對抗反應性迴避的妙招是以科學導向的方式**接近**。畢竟，就像學彈鋼琴並非「只是隨意用手肘重擊琴鍵」而已，勇敢也不是來自「放手一搏」（Just do it）。這是我們必須培養的一種技能，也是我們的下一個焦點。

第8章

改變遊戲規則的一步

一名駕駛人在高速公路上以危險高速超你的車。一個匿名網友羞辱你。你的孩子不小心放火燒了沙發。你花了一個小時瀏覽手機供應商的整個自動語音回覆系統，最後竟然還是被踢了出去。要說這些處境有何共通之處，那就是它們全都可能激起一個普通人或多或少的憤怒。接下來會怎麼發展，主要取決於這個人調節情緒的能力。你從上一章得知，從地方圖書館員到戰鬥機飛行員，情緒調節是人人都能學會的技能。事實上，你已經學會用來調節情緒的其中一種技能：**轉換觀點**。

轉換觀點透過改變我們在艱困時刻對自己說的話來改變情緒。這是採用新觀點（比如思考朋友可能會怎麼說）克服難題的能力。除此之外，還有另一種方法可以調節情緒，尤其是處理火爆、衝動反應的情緒。爲了學會調節情緒，我們要仰賴科學界最迷人的超強情侶檔：認知行為療法①和辯證行為療法②奉行的原則。

這項技巧相當違反直覺：我們做的事，必須與情緒要我們做的事背道而馳，進而**接近**、而非逃避那種難熬的感受，這個技巧叫做**「相反行動」**。當你對這項技巧達到某種程度的熟練，就能在艱困或觸發強烈情緒的情境下保持冷靜，並且停止以沒有幫助的方式衝動行事。它需要的只是一點點耐心。

了解觸發因素才能克服反應性迴避

除了「餅乾是維他命」，我最愛玩的遊戲就是把難受的情緒想成遍布全身的小按鈕，就像DJ混音器的三色燈。這些燈有的藍、有的綠、有的黃，少數幾個是橘的，其他是紅的。

藍色按鈕代表我們處於情緒低落，但思考腦仍舊連線且活躍的情境。如果某個情境導致其中一個綠色按鈕被按下，我可能會感受到轉瞬即逝的感覺，比如一抹苦笑或一閃而過的氣惱，但大多數時候我什麼也不會做。一旦我的黃色按鈕被

藍色	綠色	黃色	橘色	紅色
「我冷靜、沉著、鎮定。」	「那不太理想，但我可以接受。」	「這很難，不過我應付得來。」	「情緒愈來愈激動。」	「我快要爆炸了。」
和朋友出去玩	做家事	和生你的氣的朋友說話	在會議上發表演說	你的孩子沒大沒小
閱讀或看電視	排隊	拜訪很難溝通的家庭成員	晉升時被略過	被老闆開除了

【圖8-1】

按下，就會開始覺得很不自在。橘色按鈕可能會使我做出評論，甚至可能提高音量，不過我還不大可能一頭栽進反應性迴避當中。但若是按下紅色按鈕，麻煩可就大了！想像一個學步兒剛好不斷踩到一個紅色按鈕：你的情緒突然爆發（那音樂好刺耳），體內的警鈴大作。你因此必須採取行動（正確來說是**衝動反應**）把那孩子送走，並且調低自己的情緒溫度。簡而言之，這就是反應性迴避。

可是如果你不知道個人的情緒DJ混音器上哪個按鈕會引發什麼效果，就很難改變自己的行動。因此，重要的是先辨認出哪些情境會按下自己的綠色按鈕，哪些情境又會按下紅色按鈕（詳見後文的反思）。畢竟，如果你不清楚哪個按鈕會引發負回饋，就無法眞正解決問題。要這麼做，你必須針對會觸發你衝動反應的情境建立一份清單。這些情境就是俗稱會「踩到我們地雷」的事。

反思

辨認你的敏感問題

學習**接近**的第一步是列出一份動輒觸發你產生反應性迴避的情境。這項反思的目的是幫助你減緩從觸發事件到你產生反應的這個過程。因此，我會建議你只關注上一週發生的事。如果你能在這裡及早發現自己的反應性模式，就會更有能力實施解決對策。

情境

描述一種會踩到你的地雷的情境。

情緒

指出你在這段時間感受到的情緒。

強度

指出你的情緒強度：藍、綠、黃、橘或紅。

目前採取的管理情緒行動

當你感受到這種情緒，你會做些什麼？

這是迴避嗎？（是或否）

記住，判斷某個行動是反應性迴避的標準是，你必須因爲感覺不適才做出那種反應，而且這個反應本身的目的是讓你迅速覺得好過些。不過你會注意到，這個反應往往會讓你陷入困境。

安格德的敏感問題

情境	情緒	強度	行動	是迴避嗎？
朋友在IG發文，內容是我錯過的一趟旅行	後悔	黃色	發布我度假的照片	是
和朋友聊天時發現我沒有什麼有趣的事可說	煩惱 悲傷	黃色	拿去年去西班牙度假的故事出來說	是
注意到我最近的IG發文沒有得到很多「讚」	悲傷 丟臉	黃色	編輯照片的說明文字，讓貼文更有趣	是
掉了十個IG粉絲	害怕	紅色	隨機追蹤一百個陌生人，試著增加我的粉絲數	是

運用自我監控的激勵魔力

如你在安格德身上看見，追蹤能帶來及早發現反應性迴避在哪裡、何時與爲何會接管的洞察力和能力。以下是它在其他個案身上運作的情形。

菲洛梅娜意識到，只要她察覺被人遺棄的跡象，就會像船難溺水的人那樣死命抓住那段關係，焦慮依附類型的人就會這樣做。③泰德不在身邊會威脅到菲洛梅娜的安全感，情勢嚴重到她得傳送一連串不間斷的訊息，才能盡快降低自己的情緒溫度。可是除了泰德，她對家人和親密好友也會這樣做。菲洛梅娜開始明白，緊緊抓住那些她深愛的人其實是讓關係變糟。

至於奧利佛，他發現，只要有人不遵守規則（無論是社交的、個人的或職場的），他就會覺得很不舒服，甚至到了要爆炸的地步。因此，當小組成員瑪莎犯了錯，他就會焦慮不安。爲了平息自己的焦慮，奧利佛會霸凌她，換得片刻的輕鬆，隨後立刻覺得羞愧與懊悔，最終把他帶到了我的辦公室。而且這不只是發生在職場上。他發現自己在家也會出現類似情況。奧利佛告訴我，每當家中有成員打破某條心照不宣的規矩，比如晚餐比預期時間晚開飯，他發現自己會氣得提高嗓門（他承認晚半個小時吃飯其實沒什麼大不了）。因此而生的口角通常會讓晚餐回復到原本的固定時間，卻也讓奧利佛因爲大聲吼老婆而感到難過又慚愧。這種事也發生在他女兒身上，所以才會有那份半開玩笑半認眞的強力膠帶禮物。他的家人把他視爲「暴躁老爸」，而且每個人都覺得在他身旁一言一行都得小心翼翼，否則就得等著吃排頭。他們會拿這種行爲開玩笑，可是它對他家人的影響無疑是有害的。

如你所見，辨識敏感問題的過程讓每個人更加了解自己。透過追蹤所得到的深刻見解不僅僅是智識上的探索，更是改變行爲的強大動力。正如同有句老話是這麼說的：你無法改變自己無法衡量的事物。如果你佩戴過能追蹤自己走路步數的手表或手環，可能對這樣的概念很熟悉。光是知道自己走了多少步，就能激勵你採取可行的步驟。這不只是我的獨到見解，最近有一篇文獻回顧發現，監控自己久坐行爲的成人會變得更活躍。④我們也可以運用自我監控的激勵魔力，幫助自己爲**接近**做好準備。

從追蹤到接近

你一旦知道自己的特定敏感問題是什麼，基本上就知道能引發反應性爆炸的地雷是什麼。掌握了什麼會讓我們開始倒數計時（然後爆炸）的全新認知之後，接著必須學習如何運用「相反行動」來調節那些情緒。

什麼是相反行動？相反行動的定義是「做出的事與隨著情緒的行動衝動相反」。[5]換句話說，如果不適帶給我們逃避的衝動，相反行動則是我們為了接近那種不適並召喚思考腦所做的任何事。相反行動是辯證行為療法常用的一種強大的情緒調節技巧。辯證行為療法是由美國心理學家瑪莎．林納涵博士一手創建，目的是幫助人們以更有效的方式管理他們對於強烈情緒的反應，並且打破使人陷入困境的行為模式。儘管辯證行為療法最初是為了治療被診斷為邊緣型人格障礙的人，這種療法已被證明能有效治療多種問題，包括飲食失調[6]、憤怒與攻擊[7]，以及藥酒癮[8]。除了解決一系列情緒調節問題之外，從青少年[9]到年長者[10]都適用辯證行為療法。它包括許多不同技巧，可是我們要特別關注的是相反行動。

從事相反行動讓前額葉皮質有能力調降我們的情緒。其實，強烈情緒想驅動你的行爲，它們會透過反應性迴避來實現這一點。每當你發現自己面對觸發因素時，與其讓你的情緒主導，不如擬定一份朝相反方向行動的計畫。爲了這麼做，我們制定一份**接近**不適的計畫。透過**接近**不適，大腦得知無論你正在經歷什麼、無論有多痛苦，它很可能都是假警報。⑪

相反行動的目的並不是逃避強烈的情緒。無論我們談的是辨證行爲療法或冥想，逃避強烈的情緒從來不是我們的目的。思想和情緒只是生命過程的副產物。但少了它們，身爲一個活生生的人和體驗生命各種滋味都會很困難。其實無論是什麼情緒或它們感受起來有多強烈，情緒自有其目的，但當它們主導我們的行爲和行動，卻往往會導致迴避。因此，我們的職責是設法取回主控權。我們無法控制自己感受到的情緒，但確實可以透過保持正念和利用相反行動，在如何回應情緒上保有決定權。

可是盧安娜博士，我已經試過了

奧利佛的憤怒促使他對瑪莎提高音量（反應性迴避）。相反行動就是能阻止他這樣做的任何事。比方說，奧利佛可以考慮跟瑪莎分享他的感受（而不是攻擊她）。當我對奧利佛說明相反行動時，他問了一個許多個案都曾問過的問題：

「妳以爲我沒試過不要吼瑪莎嗎？」

事實上，我的個案大多都嘗試過「相反行動」。我自己對這也不陌生！在蘇珊提醒我注意自己會快速連發多封電子郵件後，我試過無數次不要用這種方式回應。所以從這點來看，奧利佛說得沒有錯。我相信他試過許多次不大罵瑪莎。但是奧利佛沒能理解的是，用「行動就對了」的方式對抗迴避，只是試圖讓自己掙脫強烈情緒想讓你做的任何事，這和如實訓練大腦透過有計畫的行動不去做反應性迴避，兩者是有差別的。當中的差異在於透過有計畫的行動，你是刻意運用技巧去做某件事，而不是出於戰、逃、僵的本能去做它。爲了掌握這種技巧，不能等到自己極其敏感問題的按鈕被按下才開始練習**接近**，你必須一點一滴增強大腦的行動（而非衝動反應）能力。

這就像我最後跟風買了派樂騰飛輪車。第一天，我努力做了一小時極度困難的課程，因爲該死的，我想**接近**健康，消除自己的疫情小腹！完全不運動的相反行動＝飛輪車！你問我結果如何？後來有好幾天我幾乎不能走路，最後這台健身器材就像這場疫情，讓我避之唯恐不及。不知道爲什麼，我竟然會在兩年零運動之下，斷定自己完全有能力立刻做困難的課程，可惜我的極端做法行不通！就我的例子來說，這只是體力局限而已，但是對我的許多個案而言，他們想超越自己的情緒限度，停止逃避自己的不適感。爲了防止這種情況發生，我們可以仰賴科學，把相反行動當成一種技能加以練習，而非任由它下意識地反應。

策畫階段性的早期成果

雖然練習相反行動可能聽起來很簡單，但它可是相當有挑戰性。畢竟，我們得違反自己的生理習性。你可能就像奧利佛，一次又一次地嘗試這項技能的某個版本，卻從未成功過。因此，決定從哪裡開始，對於成功學會這項技能至關重要。因此，我想建議你先辨識出敏感問題的情境，因爲你可以在其中找到**容易達成早期成果**的敏感問題。基本上，這跟我面對飛輪車的方式完全背道而馳：當時我孤注一擲，最後得到的結果與規律運動的成果完全相反。我逃避那台該死的健身車，因爲它害我全身痠痛。所以怎樣才能得到容易達成的成果呢？從小處著手，持之以恆，不斷增強力量。

該如何將這個要訣應用在你的練習上呢？**千萬別從紅色情境著手練習**。大腦在紅色按鈕情境下，很容易啓動戰、逃、僵模式，未經事先演練，你的思考腦會來不及上陣因應洶湧而至的情緒浪潮。從橘色範疇中選擇某件事練習，能讓你爲成功的可能性做好準備，但別忘了這是一種技能，所以你需要訓練。如同任何訓練規則，有時你能搞定它，有時又會跌坐在地。祕訣是堅持下去。

練習相反行動

安格德和他的社群媒體反應

安格德同意改變他的社群媒體使用習慣來練習相反行動。首先，他承諾每天只使用ＩＧ三十分鐘。我要求他打開這個應用程式時也按下計時器，三十分鐘到了就必須結束。其次，當他有發文的衝動，可以用打電話給朋友代替，藉此重新設定自己的大腦思路。以新習慣取代舊習慣，是創造持久行為改變的強大技巧。最後，遇到和朋友聊到會觸發強烈情緒的主題時，他的相反行動是聆聽，而且不透過訴說自己的成功或先前的假期去反擊（衝動反應）。每當他試圖勝過朋友來對抗不安的感受，就是任由自己的情緒主宰全局。我們要努力讓他的前額葉皮質重新掌權。

我們都同意理想的情況是，先和他知道比較不會吹噓自己生活（而且向對方訴說苦惱掙扎也不會批判他）的親密朋友練習這些步驟，之後才轉向更有挑戰性的情境。假如他無法忍受那個情境，我們的計畫是找個藉口，禮貌地離開那個情境（去洗手間），直到他能鎮定下來。

「等一下，如果我離開那個情境，這樣不算迴避嗎？」他問道。

我基本上同意他的看法，但是在這種情況下，我們是故意將它當成大軍火庫中的小工具來使用，爲的是產生正向的改變。

「安格德，我不想看見你的情緒溫度變得過高，使自己無法進行相反行動計畫。所以有時候要做一點點精心計畫的迴避，才能達到完全擺脫這樣的迴避。」

經過幾週的練習和不再衝動反應後，安格德開始學會馴服他的社群媒體衝動。有一天他興奮地告訴我，有個朋友發布了一張在紐約市度假的照片，但安格德沒有發文回應。這並不容易，他承認自己草擬了好幾篇貼文，但沒有發表任何一篇。怎麼會？因爲他堅持照著計畫走！他還用巧妙的方法練習自己的相反行動計畫。安格德告訴我，每當他出於絕望而想發布什麼內容時，就會打開照片檔案夾進行編輯和整理，卻不發布任何一張。檢視自己照片的這個過程能讓他的情緒冷卻下來，等他看完相簿後，已經不再覺得需要發布任何東西。

順帶一提，這不是我的主意，是安格德自己想出來的！我稱讚了他的點子，因爲這讓他釋放部分的內在壓力，又能阻止自己在衝動反應下發文。我在大多數個案身上都看見這一點，在根據我們一同擬定的計畫練習相反行動之後，他們最終會創造出自己的計畫。這通常不僅更有效，也進一步掌握了自己的命運。正是這樣的時刻告訴我，我的個案眞正改變了自己的生活。

菲洛梅娜的相反行動

菲洛梅娜盡了最大努力在她分離焦慮最嚴重時也不傳訊息給泰德，不過想也知道的，這行不通。所以她該怎麼做呢？

我們針對她不尋求再保證也可以應付與人分離的方法列出一份清單。我們首先設計了時間較短的計畫性分離，在此期間她得找出某件不需要使用手機的事情來做。在第一輪實驗中，菲洛梅娜和泰德會安排時間讓泰德跟朋友外出幾個小時，而她則是上健身房（相反行動，不使用她的手機！）。隨著他們分離的時間逐漸拉長，她必須事先規畫相反行動，眞正專注於忍受她的不適。

我們訂了一條規矩，那就是她與泰德會合後，不許她追問他每一個細節。但因爲我們不想在這段戀情中創造任何新的迴避形式，泰德同意他會分享自己想說的，而她也可以提問，不過一旦泰德注意到問答變成她想對兩人關係尋求再保證，談論會就此結束。這個技巧對情侶很有效，但前提是兩人都得參與。我時常對個案說：我會回答你提出的任何問題，但如果你開始用不同方式一再詢問，就很可能只是透過要我向你保證來迴避，這樣做絕對沒有幫助。我也把這個訣竅告訴菲洛梅娜和泰德，讓他們能成功實踐它。

可惜的是，在我們開始實行菲洛梅娜的相反行動計畫時，她和泰德的感情早已日益緊張，過沒多久泰德就跟她分手了。菲洛梅娜提到她覺得這段戀情的裂痕似乎早已造成，無論她多努力嘗試，泰德仍舊覺得得小心伺候她。起初菲洛梅娜非常難過，時常在我的辦公室邊哭邊說著「要是我更早知道這個做法，就能挽回這段感情」之類的話。

我們談了很多關於大腦爲了降低不一致，總是想合理化事情，進而得出某種結論的事實，所以菲洛梅娜想要怪罪自己是很合理的。而且我同意她的看法：不知道她自己的迴避模式無疑讓這段感情走得很辛苦。但我經常提醒置身感情風暴當中的個案，一個巴掌拍不響。在這個案例中，泰德在感情破局上必然也「有所貢獻」。

後來菲洛梅娜還是繼續努力練習相反行動。最近我收到她的電子郵件，得知她現在婚姻美滿，剛生了小寶寶，我很爲她高興。從她與我分享的內容看來，她的約會生活有一陣子充滿挑戰，但最後她打破了自己的迴避模式，變得眞正快樂，也終於在戀愛關係中感到自在。

奧利佛的相反行動計畫

至於火爆的奧利佛，他多數的衝動反應是由憤怒觸發，而且會在短短幾秒內從完全靜止加速到時速一百公里，然後情緒爆炸。談到憤怒，辯證行爲療法提出一套明確的相反行動計畫，包括幾種不同方法。其中最簡單的方法是避免和自己發火的對象接觸，直到你氣消爲止。換句話說，一旦奧利佛因爲瑪莎在工作上犯了錯而感到憤怒時，他的相反行動就是遠離她，而不是進行無意義且傷人的言語攻擊，直到他不再處於杏仁核劫持的狀態下。個案有時太難控制憤怒，這時他們可以暫停一下，用「在附近散步」取代「大聲斥罵人」。不管怎麼做，我都建議你在發現自己快要氣到爆炸之前先把計畫準備好。你相信嗎？下一秒就要對某人發火的當下，你是很難構思什麼理性計畫的。另外，這也取決於個案自覺憤怒被觸發的程度有多高。對奧利佛來說，等待三分鐘才對下屬的錯誤發作，感覺像是得等上一輩子，但如果發脾氣的對象是自己家人，等待三分鐘就容易多了。

最後，辯證行爲療法也建議你可以選擇最極端的相反行動，在奧利佛的案例中，這指的是不遺餘力地展現友善或試著理解你生氣的對象。當我這麼建議奧利佛的時候，他的反應像是看見怪物般震驚。

「妳要我在生氣的時候表現出友善的態度？」

「沒錯！」

「那要怎麼做？根本不可能嘛！」

「好，我們用你老婆來舉例。我知道就算你很氣她的時候，還是非常愛她，所以在這種時候，你能對她說一句好話，或者做一件體貼的事嗎？」

奧利佛滿腹狐疑地看著我。

「奧利佛，別糾結了。我只是要你說幾句老婆的好話。」

「這個嘛，在我看來，她燒得一手好菜。」

「很好，那麼如果你因爲吃飯時間比平常晚而不痛快，也許可以稱讚她的廚藝，而不是提高音量說些挖苦的話。」

「這樣不會太虛僞嗎？」

「只要你說的是眞心話，就不虛僞。你喜歡她煮的什麼菜？」

他接著詳細描述她煮過哪些好吃的菜，當他這麼做的時候，整個人都放鬆了。我向他指出這一點，並解釋當我們從事新的行爲，它們會引發其他情緒。對人微笑或稱讚別人，會讓我們的生理反應確實發生變化。[12]表現出善意會讓我們覺得比較快樂。[13]做出暴力行爲會讓我們感受到憤怒。[14]當你認清憤怒其實只是一種思維方式，吸引我們按照那樣的念頭行事，你就很容易看出，如果帶著覺察看待自己的憤怒，並從情緒手上拿走控制權，眞正的憤怒感受是很短暫的。保持憤怒的唯一方法是不斷想著你有多憤怒，接著用憤懣又失控的行爲回應它。假如這是你的選擇，要如此過日子也行，但我懷疑本書讀者有誰想老是在自己的想法和感受號令下，被用力拽往任何方向。一條狗朝著松鼠或路過的另一條狗狂吠是一回事，但是任何人花上數年光陰讓自己的至親過得悲慘，又是另一回事。

經過幾個月努力實行他的相反行動計畫，也就是每當在家覺得生氣就讚美老婆，奧利佛準備好要處理自己在職場的衝動反應了。他拿出女兒送他的那捲強力膠帶，把她們原本寫的文字槓掉，再用粗體字寫上「和氣待人」。他把膠帶放在自己辦公室門邊，所以每當快走進辦公室時，必定會看見它。在這麼做之前發生了幾次不愉快的事件，他完全無視自己的原定計畫，對團隊做出衝動且令人不快的反應。

奧利佛也練習在辦公室與同事對話時，用他能想到可以讚美對方的一句好話開啟對話，即便當下他在氣頭上。奧利佛最後體認到，處於緊急戒備狀態下，他無法和氣待人，所以在這種時候，他的相反行動是先避開發火對象一會兒，直到自己稍微冷靜下來。後來我輔導像奧利佛這樣的個案時，會幫助他們減少這類緊急戒備狀態，不過涉及憤怒管理問題時，一步一步慢慢來很重要。

雖然個案大多把我看成「迴避警察」，但我其實沒有那麼黑白分明。事實上，我們有時候需要給杏仁核冷靜下來的時間，才能重新和理性腦取得聯繫。那麼奧利佛會在暫停期間做什麼呢？他會練習我鍾愛的另一種情緒調節技巧，這經常被認爲能重新啓動自己的系統。每當奧利佛遇上緊急戒備狀態，就會用手掌握著一顆冰塊。對，你沒看錯，一顆冰塊。你瞧，科學告訴我們，接觸冰冷的東西能降低心率，[15]這是戰、逃、僵反應的關鍵要素。所以只需要一顆冰塊，你就能擁有一件絕妙的工具，在你衝動反應之前迅速緩和自己的情緒。

在我和奧利佛完成諮商時，他說女兒注意到他的努力，還誇他大有進步。就連先前在工作上與他發生過很多衝突的瑪莎也留意到他的大幅改進。至於他本人也向她道歉，提到自己爲了改變做了哪些努力。

如果沒把握，流露一點點脆弱能帶來意想不到的好效果。承認我們過去做錯了，而今正努力改變，這需要勇氣，但是很難想出還有更好的辦法可以讓你敞開心扉，接受別人的善意。瑪莎和奧利佛現在能密切合作了，奧利佛不再對瑪莎的每個小小錯誤大發雷霆，而是開始指導她，傳授自己的工作心法，做爲防止他情緒爆發的另一種方法。奧利佛經由自己嘗試錯誤得知，指導後進的確對他有幫助，因爲當他處在那樣的心境中，就可以多多運用自己的理性腦，而不會變成盛怒怪獸。

相反行動的其他實例

當我剛開始和某人一起擬定他們的相反行動計畫時，我經常看見個案陷入制定「完美的」相反行動的困境，彷彿找到那個完美行動就能根除自己的所有迴避。但是讓我們大聲說出實情：你的生活就發生在自己四周，尋找完美的相反行動不過是另一種形式的迴避。爲什麼呢？**因爲練習相反行動時所採用的行動是什麼，根本不重要。**

在練習時，我希望你發揮創意並嘗試不同事物，同時牢記這一點：你的目的是感受自己的情緒，而不是逃離它們。這些改變需要時間，但是結果絕對值得。要不了多久，你就會發現自己在處境變得艱難時會主動**接近**，而非逃避。記住：這些是你曾落入的模式，擺脫它們會感覺不自然，可是把自己從無意識的自我破壞當中解放出來會帶來極大的回報。

因爲你正在學習一項技能，以下幾則改編自辯證行爲療法的建議能幫助你入門。你可以運用其中某些策略創造自己的相反行動計畫（詳見後文的反思）。

相反行動的例子

情緒	反應性迴避行為	相反行動
憤怒	破口大罵	面對令人不快的對話時，緘默不語
尷尬	孤立	待在人群中並開啓對話
羞愧	瘋狂追劇麻痺自己	外出散步或做一些積極的事

反思

制定你的相反行動計畫

當情緒主導一切時，我們就無法做計畫。因此，事先構思你己的相反行動計畫很重要。運用下方空間擬出你的計畫。記住：最好別從你的情緒最敏感、反應又強烈的地方開始。策畫階段性的早期成果有助於你繼續前進。

敏感問題

____

____

____

反應性迴避行爲

____

____

____

相反行動

____

____

____

改變遊戲規則：增強調節情緒的能力

請牢記一個重點：當你挑戰自己，想改進接近能力時，可能會發現有時事情會變得更加令人不安，並沒有減輕不安。但要變得善於應對這類事物，就得學著過「安於不安」的生活。不妨把它想成運動。一旦能輕鬆地硬舉四十五公斤重，你不會永遠停在那裡，而是會增加重量。因爲想要持續進步，唯一的方法是挑戰自己的身體（在此，還有我們的心智）。訣竅是找到分量剛剛好的挑戰。太容易，讓人缺乏成長的動力。太難，又會讓人姿勢不良或受傷。

有句話說得好：適度的壓力＋適度的休息＝適度的進步。這就是我傳授給個案的技巧，希望本章也能幫助你做到這一點。

解決障礙

請留意一個重點：無論多努力，不免還是會有你的按鈕被用力按下，使自己做出衝動反應的情境。遇到這種情況別洩氣，而是要問自己幾個問題。

首先，我知道這個情境可能是個敏感問題嗎？如果答案是否定的，把它加入你的敏感問題清單中。但若答案是肯定的，不妨自問：我擬定了相反行動計畫嗎？最後，設想這情境倘若再次發生，你可以做些什麼？

練習相反行動的長期好處

雖然學習相反行動起初可能極具挑戰性，但是它能帶來許多長遠的好處。你已經從我分享的個案故事中看見一些好處。安格德和社群媒體發展出更有建設性的關係。雖然菲洛梅娜跟男友分手，但是不間斷的練習幫助她走進幸福的婚姻。還有奧利佛改善了他和同事瑪莎的關係。這些故事全都反映出某人經歷過的眞實改變。我知道你也能體驗到**接近**的改造力量。

讓我們繼續踏上旅程

接近這個技能是用來幫助我們辨認自己的反應性迴避，走向不適，**接近**它。該怎麼做呢？透過擬定明確的相反行動計畫，我們可以學會調節自己的情緒，並過著更快樂的生活。這是我最愛的技能，但它可不是本書中唯一的技能。爲了隨著時間逐步建立韌性，我們必須朝著對自己最重要的事物不斷邁進。這就是爲什麼我們要深入探討本書最後一項技能：**校準**。

PART 4

校準

第9章

該留或該走？不作爲的迴避

在波士頓市中心生活了十五年後，我熟知這座壯麗、古老（對美國來說）城市的每條街道、公共巷道和奇異的捷徑。可是搬到郊區之後，我完全分不清東西南北。連熟悉周遭環境這麼簡單的事都得從頭開始，感覺很奇怪，不過這就是我當時的狀況，完全迷失方向，就連最基本的爲外地人指引如何前往某地都做不到。幸好我們家的汽車有GPS（全球衛星定位系統）。令我難以置信的是，如今在手機、甚至手腕上（假如你佩戴的是時髦的智慧型手表）都能使用這套系統。這是一項出色的工具——前提是假如一切運作順利的話。

搬到郊區幾週後，我發現自己來到十字路口——是實情，也是比喻的說法。當時我正要去波士頓開會，來到一處大十字路口。我快遲到了，所以有點緊張煩躁。GPS通知我，通往市中心的九十號州際公路東向有重大事故，所以它安排我繞道而行。等待紅綠燈時，我注意到後方有一整排車，我想他們的 GPS 也重新規畫了路線，顯然這條路線的交通流量也會很大。當我焦急地等待燈號轉爲綠燈時，我的 GPS 突然離線了！我只剩心頭七上八下，還有空白螢幕上無用的訊息：「路線重新規畫中……路線重新規畫中……路線重新規畫中。」

那一刻，我的心臟狂跳，思緒飛快運轉，我知道在綠燈亮起之前，我只有大約一分鐘能決定要往哪個方向走。問題是我之前沒有留意路線，只是盲目遵循 GPS 的指引，所以不知道波士頓在哪個方向。是左邊？右邊？還是直行？老實說，我眞的不知道該怎麼做。幾秒鐘過去了，而我的大腦完全僵住了。最後我在心裡迅速盤算：GPS 最終必定會重新連上線（雖然螢幕定格了），所以我也許可以就在原地待一會兒。**當然，這麼做會阻礙交通，不過我告訴自己，只要一下就好。在尖峰時刻延誤一排車輛能有多嚴重？**雖然我試著讓自己冷靜下來，但焦慮還是持續攀升。

時間一分一秒地過去，我心中只有一個願望：要是我手上有指南針就好了。（我的 iPhone 其實就有這個功能，但實情是，我是地球上最後一個發現這件事的人。）你也許納悶我爲什麼提到指南針。可是我認爲，指南針是人類已知的最大膽裝置。在開始發表觀點之前，讓我先簡要地凸顯ＧＰＳ和指南針之間最重要的差異，並說明爲何那天我希望手邊能有指南針。

使用ＧＰＳ的重大危險

除了我方才描述的那種窘境之外，如果輸入地址時不小心選錯了城鎮，ＧＰＳ也會讓你走錯路。當然，ＧＰＳ會帶你到達目的地，只不過那並非你想去的地點。ＧＰＳ這個令人遺憾的缺點是一些新個案第一次來我的波士頓市中心辦公室晤談時會遲到的原因之一。他們會輸入「劍橋街」，而ＧＰＳ的預設多半是「麻州劍橋市劍橋街」，而不是「麻州波士頓市劍橋街」。通常當他們意識到自己走錯方向時，多半已經過了河來到劍橋市，對一次四十五分鐘的晤談來說遲到了三十分鐘。等到這種狀況發生了大約五次之後，我開始寄電子郵件給新個案，提醒他們留意此事。

相反的，指南針是一種導航工具，用來協助判定你相對於地球磁極的方向。由於指南針不會代你思考，所以需要時時留意自己正走向何處（跌落懸崖、撞上樹幹、掉進很深的窟窿）。指南針**在旅程中指引你方向**。因此你能明白在那個倒楣的日子，一只指南針會更加管用，它至少能讓我大致朝波士頓的方向移動。沒錯，當我設法向東行駛會耗費較多的時間，但是它比定格的 GPS 強多了。

用不作為來迴避

我之所以分享自己遇上交通癱瘓的倒楣故事，是因爲它貼切說明當我們遵循外部 GPS 指示行事時，很可能在生活中陷入困境。這對我來說就是「不作爲」這種迴避形式的模樣，我們面對感知到的威脅，就這樣在原地動彈不得，僵住了。儘管知道現狀行不通，但我們實在不知所措，什麼事也做不了。在不作爲當中吃苦頭的人雖然覺得疲憊不堪，卻常會陷入一遍又一遍做著相同事情的困境中。以下是我看見個案陷入不作爲的迴避實例。

不作為

有時候，尤其是感知到威脅時，身體動不了，使你保持定格。當你僵在原地，腦袋像是卡住了，彷彿你無法思考或感受太多，甚至想不出可以採取什麼行動。以下是你可能不作為的例子：

- 停止在對話中發言。
- 維持不健康的人際關係，無論是友誼或戀愛關係。
- 上司問你問題時，無法回答。
- 即使目前的工作讓你不開心，也沒打算換工作。
- 坐了好長一段時間卻什麼事也沒做。
- 恍神與發呆。
- 拖延生涯決策。
- 住在不健康的居住環境中。

因爲「不作爲」意味著儘管感覺不適，也不採取行動並留在原地，因此它有時難以被準確指出。然而，我從未見過不作爲的人不知道自己有點陷入困境。通常他們只是不知道該怎麼辦。不作爲是「嚇傻了、完全愣住」類型的反應，它可能出現在生活的許多領域中。爲了辨識出你不作爲的方式，請完成後文的反思。

你的內在指南針

完成後文的反思能幫助我們辨識自己的生活中靠 GPS 導航的領域有哪些。盲目遵循 GPS 的生活必然會讓我們陷入困境而動不了（畢竟就連最厲害的科技有時都會辜負我們）。但事情未必非得如此不可，因爲所有人的內心都擁有指南針：**我們的價值觀**。

價值觀是無比強大的人生導航工具。當我思考著價值觀究竟是什麼，史蒂文．海斯博士的作品提醒了我。海斯博士是臨床心理學家，著有四十七本書（而且數目還在增加），他也是接受與承諾療法（ACT）的創始人。① 接受與承諾

反思

用不作爲來迴避

花點時間想想你目前的生活處境。有沒有那種即使目前狀況不理想，但你發現自己仍舊流連不去的處境？你是否發現目前處境令人氣餒或心神耗盡，卻又覺得改變的念頭讓人不知所措？我們在生活中的某些方面通常會不作爲。例如：

- **你是否發現過自己處於一段明知不再適合的戀情中，卻不知該不該或如何結束這段關係？**
- **你是否曾覺得工作再也無法帶來滿足感，卻認爲繼續待在這個職務上似乎比追求未知來得適合？**
- **你是否曾發現自己向朋友一再抱怨同樣的事，卻沒有採取任何不同作爲？**
- **你是否曾想要改造自己——也許是孩子去上學了，你想重回職場，但你就是不知道該從哪裡開始？**

思考過上述問題後，花點時間寫下你發現自己持續卡住的某個處境。

因爲迴避會剝奪我們活得精采的可能性，想像一下若能克服自己的不知所措，你的生活會有何不同呢？

療法的目標是幫助個人追求有意義的生活，同時接受必然會伴隨而來的痛苦。接受與承諾療法的核心實踐包括認知脫鉤（這項技巧的目的是讓一個人與想法或情緒區隔與脫離）、接納（如實面對念頭與感受）、與當下連結、觀察自我、承諾行動，以及實踐價值觀。[2]幾年前在一場學術會議上，我聽到海斯博士描述價值觀是「你爲人與處事**依循**的特質，它猶如你和自己之間的祕密」。換句話說，**價值觀是人本身的內在指南針，引導著自己的決定、態度和行爲，而且它們是每個人特有的**。比如你可能最在乎謙虛，而另一個人可能最看重成就。

如果上網搜尋，你會發現數百份不同的價值觀清單。令人意外的是（考慮到人類的古怪特性，這也許並不奇怪），雖然著名的社會心理學家謝洛姆・施瓦茨和他的洲際研究團隊找出將近三十個國家共有的十九種價值觀，但是世界各國並未對價值觀的最終清單達成一致的看法。[3]爲了讓你大致掌握我和個案晤談時經常提到的共同價值觀，我在【表9-1】整理出一份初始清單。

請花點時間好好思考這份清單。有沒有哪項一下子就吸引你注意？對你來說，有沒有哪項價值觀比其他的更爲重要？哪項價值觀你不是那麼在乎？你感覺自己缺乏哪項價值觀？每當發現自己陷入困境，有沒有哪項價值觀可以做爲你內心的指南針，幫助脫困呢？

總之，表列的每一種價值觀能否讓你產生共鳴都無所謂（這甚至是預料之中，因爲價值觀是因人而異的）。假如有多種價值觀特別吸引你，這也很好。我們鮮少只有一**種**價值觀。通常，我們會發現許多不同的價值觀都很重要，即使它們彼此沒有密切關聯性。運用你內心指南針導航人生的訣竅在於，選出在每個特定時刻對自己最重要的那個價值觀。

然而，只確認自己的價值觀有哪些，並不能改變你的生活。對許多人來說，價值觀就像是掛在家中的一幅畫：它們很美觀，回想起來也令人愉快，但是在日常生活中並未發揮任何積極作用。我們多少知道自己的價值觀（至少直覺地知道它們可能是什麼），但其實不常提及它們。當忽略自己的價值觀時，就是回到靠GPS指引的生活，也就是任由外部來源（文化、社會、朋友、家人）告訴我們該如何前進，卻始終不清楚爲什麼要做自己正在做的事，這就是你我如何迷失自我的。

【表 9-1】

成就	信任	開明
有進取心	名聲	樂觀
雄心壯志	家庭	熱情
真實性	財務自由	耐心
美貌	寬恕	不屈不撓
歸屬感	友誼	活潑有趣
個人魅力	節儉	務實
全力以赴	慷慨大方	風度
社群	感恩	生產力
同理心	成長	受人肯定
勇氣	健康	冒險精神
創造力	誠實	安全感
好奇心	謙虛	自我表達
果斷	幽默	自尊
可靠	影響力	簡樸
直率	包容	永續發展
紀律	個性	團隊合作
多樣性	正義	傳統
平等	仁慈	脆弱性
卓越	愛	財富
公平	忠誠	智慧

我是如何迷失方向的

我在職業生涯早期有個明確的價值觀：雄心壯志，它指引我個人和專業層面的大多數行動。對我來說，雄心壯志代表爲了成功而努力工作，而且我相信，雄心壯志能讓我不再落入貧窮的境地。當你跟我一樣在很艱困的環境下長大，滿腦子想的都會是如何一勞永逸、澈底擺脫這種處境。這個價值觀也許不是最具靈性開悟的立場，但出身在夠底層，金錢確實可以買到幸福。不僅如此，我意識到如果能成爲專業人士，最終就可以扛起養家的責任。所以雄心壯志驅策我，它是我一路來到美國的主要動力之一。

雄心壯志是正當的價值觀，而且研究顯示，當我們在生活中採取的行動能體現自身的價值觀，感受到的壓力、焦慮和沮喪就會減少。④這正是我念研究所和學術生涯早期經歷的事。我眞的從困難的工作中得到快感，而且愈是雄心勃勃，感覺就愈好。雖然我不是跑者，但這種感覺可能與耐力跑者總是不斷談論的著名的「跑者愉悅感」雷同。出於雄心壯志，我會設定明確的目標，比如「攻讀博士」或「在美國最負盛名的精神病學系所工作」等等。因此，雄心壯志確確實實讓我專注在自己的目標上，在我的職業生涯早期，這根本不是迴避。那時，我確實按照自己的價值觀生活。

然而，後來在職涯某個階段，事情有了變化。我的行動在什麼時候從「符合我的價值觀」變成了迴避呢？很難說清楚事情發生的確切時點，但肯定是在我職涯的中段。我不再注意自己**爲什麼**（我的**價值觀**）會做某件事，而只是專注於我認爲需要達成**什麼**（也就是**目標**）。我把精力全放在別人告訴我的下一個目標上，結果我絕大部分是按照他們、而不是自己的想法去取得成功。我不斷攀爬他們的梯子，但不再朝著自己的夢想前進。

換句話說，我偏離了方向——在不關照自己價值觀之下試圖駕馭人生。忽視內心指南針的問題是，我們最終會朝著並未呼應自己最在乎事物的方向前進。更別提沿著一條與你的價值觀不相符的道路前行，通常並不自在。比方說，假設你在乎誠實，但發現自己正在說謊，就會覺得渾身不舒服。同樣的，若你很看重創造力，但發現自己的工作總是沿襲舊規，就會覺得不滿足。如果健康是自己的核心價值觀，你卻暴飲暴食又不運動，就會感覺很糟。

當我們感受到一陣熟悉的不適，就會不作爲。我們往往只是繼續做著一直在做的事，因爲它感覺像是自己唯一能做的，有時甚至會更努力鞭策自己，彷彿更多的如出一轍可以讓事情變得更好（罪惡感！）。我們告訴自己它會好轉，但事實似乎並非如此。這是**不作爲這種迴避形式**的本質——我們堅持到底，即使這會讓自己離想要的人生愈來愈遠。我們不跑走，也不回擊，只是保持現有的模式。當然，待在既有道路上暫時感覺比較好，因爲不作爲是迴避，而且如我們所知，迴避在短期內是行得通的。如果對自己人生的眞正方向始終視而不見，我們的身心健康必定會付出代價。這可能發生在任何人身上，比如我在持續追逐目標卻未曾思索什麼才最重要的時候，就出事了。

天啊，我中風了嗎？

我知道自己的作爲得付出情緒代價，通常我會在夜深人靜，在那些孤獨、安靜的時刻面對這種代價，在這種時候我難得能讓自己短暫一窺這個目標導向、繁重又單調職涯的幕後。我時常發現自己躺在床上難以成眠、焦慮不安，我盯著天花板，紛雜的思緒不斷浮現腦海：

我在做什麼？

如果繼續下去，我會一直這樣焦慮嗎？

我別無退路；我必須待在這個行業裡！

如果我再多申請一項補助，就會覺得好過些。

爲什麼我要這樣做？

我這樣做是爲了誰？

爲什麼我這麼有成就，卻如此苦惱？

我這麼幸運，實在沒有資格覺得自己很慘。

如果辭去這份工作，我會變成什麼樣的人？

不過，長期壓力也會顯現在你的身體上。美國心理學會指出，壓力會直接影響肌肉骨骼系統、心血管系統、呼吸系統、內分泌系統、消化系統、神經系統，以及生殖系統。⑤儘管可能是危言聳聽，但值得留意的是，壓力可能導致死亡。在英國進行的研究顯示，即使是低度痛苦也會導致死亡風險提高二〇%。⑥

二〇二一年年初，壓力造成的身體影響終於找上我。當時我在家準備申請一份研究補助，突然間，我的臉開始失去部分知覺。我的第一個念頭是：**別慌，我只是有點緊張，這是單純的生理反應，冷靜下來，什麼事也沒有，這只是焦慮。**可是過了幾分鐘後，我的半邊臉失去了所有感覺，我陷入恐慌中。**噢天啊……我中風了！**我努力不讓臉頰上的眼淚滑落，不停自問，**這到底是焦慮，還是真的中風了？**憑著僅存的最後一點思考能力，我打電話給家庭醫師，接電話的是一名護理師。我描述症狀：右臉麻木，四肢些微刺痛，心跳一五〇（坐在書桌前）。雖然她努力保持口氣和緩，但電話那頭的她似乎相當擔憂，我的思緒立刻跳到……

噢天啊，我中風了！我會失去自己這麼努力掙來的一切，全都完了！

在我拚命跟這位護理師說話時，淚水順著我的臉龐不斷滑落。她催我盡快去醫院。我的頭很暈，能做的就是讓大衛開車載我去醫院。驅車前往的路途中，我的思緒不停打轉，我看見自己的一生在眼前閃過。

家庭醫師迅速評估我的狀態，他判定我可能中風了。但詳情不明，所以他們安排了頭部電腦斷層。到了當天傍晚，我躺在一間衛星醫院的巨大磁振造影檢查儀中，還清楚記得我對自己說：**我的情緒破產了，我再也不要重回這個狀態**。

接下來的二十四小時在恍惚中度過，我的大腦預料會發生最壞的狀況，而我設法在兒子面前振作起來。最終醫師判定我沒有中風，但也沒有人知道究竟發生了什麼事。神經科醫師告訴我，也許是非常嚴重的偏頭痛。但無論那天身體發生了什麼，在情感上，這都是我的轉捩點，我再也無法忽視目標導向的繁重工作和追逐雄心壯志的生活不再適合我，而我就是那個得付出高昂代價的人。

忽視自己價值觀的代價

我那天經歷的極度焦慮、壓力和恐懼，正是我的個案體會到的感受。一旦他們開始在價值觀上妥協，我幾乎能看見，他們的壓力不斷累積。他們自己通常也能感覺到：睡眠不足，下班後更暴躁、甚或憤怒，壓力從沒少過，而且最糟的是，他們說不上來這一切爲什麼會發生。這種不對勁的感覺就是沒帶指南針出航的代價，這個代價往往隱而未現，直到我們碰壁才發現無法照常再繼續下去了。

不作爲這種迴避的代價最常見的表現形式就是職業倦怠。歐洲職業族群協調與統一網絡（Network on the Coordination and Harmonisation of European Occupational Cohorts）近來進行了大規模的文獻回顧，制定出職業倦怠的標準定義，獲得來自二十九國專家的認可：「職業倦怠是長時間暴露在工作相關問題下所產生的一種**情緒耗竭**狀態。」[7] 可是職業倦怠不只和工作有關。歷經長時間的生活相關壓力源（比如照護）也可能感受到職業倦怠。世界衛生組織指出，職業倦怠的常見症狀包括感覺被掏空或疲憊不堪，對工作有負面感受或在心理上與工作保持距離，以及工作效率下降。[8]

諷刺的是，每當我們經歷職業倦怠（因爲不作爲），有些人（包括我自己）會繼續做著自己一直在做的事，卻期望有不同的結果。我們一直在逃避！我們甚至寧可面對熟悉的魔鬼，也不願凝視伴隨生活劇烈變化而來的未知空白，進而逃避潛在的不適。我希望你能捫心自問：**我生命中有沒有一段時間是就算平常做的事讓自己受傷，我還是照做不誤？**如果有這樣的經驗，你並不孤單，大家全都經歷過這樣的事。在世界各地擁有數千名員工的企業進行了調查，想估量職業倦怠率，其中麥肯錫指出，有四九%的人表示或多或少感覺職業倦怠。[9]至於會計事務所德勤提到，有七七%的人表示在現有職務上經歷過職業倦怠。[10]

通常等到職業倦怠發生，我們都已經迴避了好一段時間。我們已經養成習慣，忽略對自己最重要的事，最終感覺愈來愈糟。偏偏感覺愈糟就愈難回到正軌，因此得等到我們遇上某種障礙，才會感覺繼續前進是不可能的事。

做選擇（不靠指南針）很痛苦

我們面臨的障礙往往會以轉捩點或岔路口的形式出現，價值觀在此互相衝突，必須做出決定。舉例來說，早上九點，你應當要和團隊開會了，可是孩子想要抱一個、親一下，還有你的全心關注。你會因爲照顧孩子而開會遲到，還是專心處理工作而讓孩子失望？對許多人來說，家庭和工作經常難以兼顧。當兩者發生衝突的時候，我們有時做的決定只是爲了讓自己在那片刻迅速覺得好過些（又名迴避）。

就像不能同時往東又往西行進一樣，我們也無法同時做兩件事。無論從事哪一行，提到工作、家庭和健康，當你專注在某一個，就沒辦法同時做另外一個。我們的時間、注意力和精力代表零和遊戲的三方參與者，一旦我們動用有限本錢的某部分，它就永遠消失了。就像我已經用一張十美元鈔票買了三明治，就不能再拿同樣這張鈔票**又買**一片披薩，人在決定自己的人生要追求什麼時，必須做出選擇。在緊張焦慮、陷入長久以來的迴避模式當中時，我們往往會根據當下的感受和情緒做出決定，而不是考慮長遠來看對自己最好的選擇。畢竟，我們都想要快點覺得好過些。

這就是我的個案里卡多的生活日常。里卡多說自己是名副其實的戀家男人。當我見到他時，他笑著談起一雙兒女和妻子，他們還是一家人的早年時光，以及他珍愛的家庭旅遊。里卡多隨即拿出手機，驕傲地向我展示他孩子的照片，當時兩人分別是七歲和五歲。對里卡多來說，家人是最重要的——他告訴我，家人是他眞正的依歸。這段以家人爲中心的獨白讓我想不通，因爲當里卡多找我諮商時，才剛收到他妻子提出的離婚協議書。我請他解釋這個明顯的矛盾。

里卡多嘆了口氣，接著說起我們會面之前的週五下午，他說這個例子能清楚說明他爲何陷入困境。那天里卡多下班晚了，他焦慮地發現時間已經是下午四點半，是學校接送的截止時間。雖然妻子已經訴請離婚，但他們仍舊共同分擔家務，照顧孩子的責任也是一人一半。

重點是，里卡多是一家金融公司的副總。他熱愛這份位高權重的工作，以及能在困難領域中大顯身手的機遇。在上述那個週五下午，里卡多正在和新客戶談判一宗有潛力的巨額交易。他花了好幾年時間努力想讓此人（姑且稱他爲馬克）成爲公司的客戶，而馬克好不容易決定將所有投資轉移到里卡多的公司。這對公司來說是一項重大勝利，更別提他會在年底拿到一筆豐厚的獎金，這是里卡多此刻需要的錢，因爲離婚在即。

里卡多正準備離開公司去接孩子，他感覺自己是世界上最幸福的人，此時辦公室電話響起，來電者是馬克。里卡多的心頓時沉了下去。要是馬克改變了主意，需要安撫怎麼辦？如果他不接這通電話，可能就會丟掉馬克這宗生意。但如果接聽了電話，肯定來不及接孩子。里卡多迅速盤算後接起電話，同時給妻子發了一則簡訊，問她能否去接孩子。這在當時是個天大的要求，因爲他們的關係變得很緊繃，就連小衝突也常會演變成一發不可收拾的爭吵。里卡多知道，他得冒著惹惱妻子的風險重新安排事情的優先次序。不過這是很有潛力的新客戶，他覺得自己別無選擇，必須把工作放在第一位，這把火就在他面前燒得灼熱。可是當他和馬克打招呼時，滿腦子想的都是他心中的憂慮。

「後來呢？」我問里卡多。

「結果我的妻子（他提到這個詞的時候看起來很悲傷）也正在開會，沒看見我的訊息，所以孩子們被困在學校裡。幸好他們不是單獨無件，多虧老師留下來陪他們多等了二十分鐘。可是等我接到他們時，孩子們衝著我大發脾氣。」

里卡多的眼眶盈滿淚水。

「又不是我選擇把工作擺在家人之前！有時候事情就是這樣發生了，而我最終總是選擇當下感覺最迫切的事。坦白說，我想這就是妻子離開我的原因。她說我是徒有虛名的伴侶，不是她能倚靠的對象。結婚八年後，她說受夠了。我不認爲能改變她的心意，可是我需要弄清楚該如何以不同方式行事，因爲我知道，雖然我把家人的最大利益放在心上，但他們不這麼認爲，這簡直要我的命。」

對里卡多來說，在事業成功和家人認爲他可靠之間，必須擇一的決定特別痛苦，因爲他經常發現自己犧牲家庭生活，選擇了事業成功。當妻子最後要求離婚時，他很崩潰，因爲他深愛著她，也完全理解她爲什麼生氣。其實他對自己的行爲也同樣感到挫折！他想改變，卻不知如何停止迴避，別再做這些他向來習慣做的事。

我時常發現自己就像里卡多那樣陷入困境，也許讀到這段文字的你也有同樣感受。每天起床時，我總對自己說，**今天早上我要運動！**接著，在我意識到之前，迪亞哥醒了，給了我一個擁抱和燦爛微笑，問道：「媽咪，我們來玩好嗎？」這一刻，我的心融化了，我只想和他一起度過餘生的分分秒秒，至於把早晨時光花在樓梯健身機或舉起槓鈴的自我期許全都消失了。我在那一刻（還有所有類似時刻）把他擺在第一位，這感覺很棒……短暫的！但是它也帶著一股令人不快的迴避氣息，因爲這個選擇總是讓我卡在原地，做自己通常會做的事，卻仍有十八公斤多的體重待減，而且全身疼痛乏力，時日一久，這些狀況會更難挽救。

所幸，我們不必等來到崩潰邊緣才發現生活的哪些區塊發生價值觀衝突。這些區塊通常對迴避都很嫻熟。因此，請花點時間完成後文的反思，找出你生活中可能遇到岔路的地方。

不作為必定是迴避嗎？

當我傳授「有時我們留在某種處境中的做法是一種迴避」這個想法時，學員時常問我的一個問題是：**妳是說，困在家暴當中的人是迴避嗎？**家庭暴力是一種嚴重且多面向的處境。我知道這一點不僅僅是因爲過去二十年來，我治療過許多創傷倖存者，是這方面的專家，也因爲我親眼目擊媽媽遭受家暴多年。面對攸

反思

辨認價值觀發生衝突的岔路口

經歷價值觀發生衝突帶來的壓力，並不是唯獨里卡多和我才會遇到，所有人時常在處理這類的事。衝突其實不是問題，眞正的問題在於，當我們感受到做選擇帶來的緊張壓力時，寧可逃避，也不願做出有意圖的選擇。回顧你在【表9-1】所確定的價值觀，回想最近其中兩種價值觀發生衝突的某個情境，並思考下列問題：

- **當我的價值觀發生衝突時，我做了什麼？**

- **採取這個行動之後，我有何感受？**

- **這是我一再採取的行動嗎？**

- **這個行動帶來什麼短期後果？**

- **從長遠來看，選擇與其中一種價值觀相關的某個特定行動會讓我陷入困境嗎？**

關生死的處境，唯一能確定的事情是：人身安全第一。因此，如果你正在閱讀本書並發現自己處於家暴當中，我強烈建議你去警察局找家庭暴力防治官或親近好友，並且以保護自身安全爲首要目標。雖然我可以想像這條路很難走，但看過媽媽搬進安全的安置地點後發生的改變。這個過程挑戰重重，但它讓我們後來全都過著更好的生活。

以下這個例子的個案留在原地不作爲，卻不算是迴避。凱特是我的個案，某天她打電話跟我約診，想談談她究竟是不是在迴避。我們第一次見面時，她在一個充滿言語暴力、非常不愉快的職場工作，她被嚇得僵在原地。那些年她胖了約四十五公斤，感覺糟透了。在凱特和我一起努力期間，她找到了一份新工作。剛開始有一陣子她工作得很開心，可是過了一年以後，事情變得不大順利。跟第一份工作類似，她決定堅持下去，卻不禁懷疑：**我是在迴避嗎**？所以我問凱特爲什麼決定留下來？她告訴我：

「儘管這不是一份理想的工作，但如果我多待上六個月，就能拿到一筆可觀的獎金。我需要這筆錢幫忙家人還債，所以決定要待到那時候，在工作上盡力而爲。等到那個日子接近時，我會再找其他工作。」

「妳做出這個決定時有什麼感受？」我問凱特。

「我還是不喜歡這份工作，可是做出這個決定讓我更容易應付日常工作。我想是因爲現在有了計畫，我得好好執行它。我覺得自己能安於不安！」

那一刻，凱特和我都明白她不是迴避，她只是權衡自己的選項後，決定晚一點再著手改善自己的處境。人生實難，有時當下就是沒有好的選擇。因此，留在原地不一定代表你就是迴避。如果你懷疑自己的特定情境和行爲是否構成心理迴避，我建議你回頭參考【圖2-6】。

和熟悉的魔鬼共舞，仍舊是與魔鬼共舞

當我們的生活只專注在一個目標，卻沒有檢視它如何爲自己帶來影響時，就有可能把生活變成無止境的壓力與過勞循環，就像你看見我在學術倉鼠滾輪上全力狂奔的那種生活。儘管我走上的道路不再符合自己對人生的想望，卻悶著頭繼

續往下走。猶如有句話說，和熟悉的魔鬼交手比較穩當，因爲對抗熟悉的魔鬼時，你多少有把握。因此，當我們日復一日與熟悉的魔鬼共舞時，雖然辛苦，但至少知道該如何反應、可以期待些什麼。話雖如此，對方還是魔鬼。而且一旦魔鬼成了讓自己陷入困境的共犯，你就會開始看見負面的長期後遺症。我拖到幾乎中風才醒悟，並叫出這個魔鬼的另一個名字：迴避。

不計代價工作過度只是不作爲這種迴避的一種方式。有時候，我們會因爲價值觀產生衝突而陷入困境。里卡多在乎他的家人，卻時常因爲專注於工作而無法陪伴他們。也許你跟我一樣把家人放在第一位，卻損害了自己的健康。假如從長遠來看，不作爲這種迴避方式最終會給自己帶來更大的傷害，那爲什麼我們還會繼續這樣做呢？下一章我們就要深入探討這種迴避背後的科學。

第10章

但我爲什麼會逗留？

如果人有內在指南針，也就是價值觀，爲什麼我們寧可迴避也不願採用它呢？依據對自己最重要的事物來探索世界和做成決定，看似合理，但我們有時會卡在舊有習慣，避免發生不適的可能性。按照我和來自全球各地上百名個案晤談的經驗得知，我們常會倚賴情緒、目標和他人做爲替代指南。想了解這些有問題的指南最終如何引領我們度過人生，讓我先告訴你一則簡短的個人故事。

初到美國的時候，每次只要我在對話中安靜下來，對方就會追問：「妳在想什麼？」我完全不能理解他們的意思。把焦點集中在我對自己說的話，而非我**感覺**如何，這想法對我來說很奇怪。在拉丁語系國家長大，情緒**就是**我們：情緒定義了文化、個人，以及我們如何回應每一件事。我們讓感受引領自己。如果你好奇這是什麼模樣，只要觀察世界盃期間的巴西球迷：淚水、強烈的情緒、大喊大叫……這就是我們會做的事。（雖然我承認會在足球賽中爆哭的不只巴西人。我就是在說你，義大利人。）

我當交換學生的第一個學期，修了一門辯論課（簡直是場災難！），我仍然記得提出在自己腦中**感覺**非常合乎邏輯的論點：「我強烈**感覺**男女應該同工同酬！」我依舊相信男女應當同工同酬，不過光憑感覺主張薪酬公平不是很有說服力，而且它在這個相當複雜的主題上忽略了許多細微差別。

我和你分享這則故事是自我解嘲，因爲身爲成人，我每天可能會對個案和兒子說上一百萬遍：「情緒是有憑有據的，但它們不是事實。」可是身爲十八歲的交換學生，我**絕不**同意自己的感受不是事實。我感覺得到它們，因此它們必定爲眞。授課老師在上課期間不斷好意要求我運用數據提出**合乎邏輯的**論據，但我的感受對辯論來說難道不是夠好的數據嗎？簡單來說，答案是否定的。不妨想像一下，倘若攻防雙方都被要求不得帶入情緒且只能仰賴邏輯、經驗主義和數據進行論證，那麼過去幾年來不知有多少政治爭論可以及早被制止呢？你想想，有多少家庭的感恩節會得到拯救！

雖然這個辯論課的場景在今天看來滿好笑的，但當時它可是讓我非常氣餒。學英文是我離開巴西的門票，嚴格來說，這是我真的非常在乎的事。然而，我記得在美國的第一個學期，有無數次我的大腦就是令自己失望。就算知道那些單字，而且句子幾乎在我腦中成形，但就是無法清楚地表達它，即使我的人生取決於它。我清楚記得在辯論課上，我站在全班面前，準備和一個非常可愛的俄羅斯帥哥進行辯論。老師讓我們兩個分別站在講台後方，我整理好前一晚寫妥的筆記卡片，那是寄宿家庭媽媽好心陪我準備的。那天早上我本來很有自信，我告訴自己，在寄宿家庭幫忙改善英文之下，我能贏得這場辯論。可是一旦辯論開始，這世界就朝我圍攻過來。

說我的心怦怦狂跳還算輕描淡寫：我感覺它比較像是古早動畫中某人的心臟快要跳出胸膛那樣。我想當時在場的每個人都能看出我有多不安，因此發生了一連串的戰、逃、僵反應。就像是我的情緒綁架了自己的思考腦，讓大腦無法產生任何有邏輯的想法。所以我做了什麼？你也許猜到了：我僵在原地，一個字也說不出口，只是一味逃避。我盯著隊友看，試著避免與那個英俊小伙子有眼神接觸！直到辯論結束，我回到自己座位上，這才覺得放鬆了些。教授可憐我，給了我及格分數（但平心而論，那堂課的評分是及格／不及格制，所以這並不是很高的稱讚）。

今日身爲科學家的我明白當時自己腦中發生了什麼事：杏仁核攆走前額葉皮質，並挾持大腦做爲人質。因此，那時我絕對提不出合乎邏輯的論據。不過當時我並不明白這背後的科學知識，只知道自己「情緒感覺很糟」，因此需要透過迴避讓自己冷靜下來。

滅火器法

情緒的威力強大，通常降低情緒強度最快的方法就是迴避。心理學家常將這類下意識行爲稱爲「情緒驅動行爲」。情緒驅動行爲指的是直接反映我們當前情緒狀態的行爲。① 換句話說，當人心煩意亂或承受壓力，可能會做出事後會懊悔的事，以求感覺迅速好轉。

當按照情緒採取行動時，就不會動用思考腦，②這可能導致我們暴飲暴食、怠忽責任，甚至對所愛的人不忠。③這些行動在當下可能看似沒有問題，但它們會帶來不良的長期後遺症。衝動的模式和不假思索的行爲可能導致慢性藥酒癮問題、體重增加、丟掉工作、離婚、財務壓力和違法行爲。這些情境都是我們依據情緒過日子會發生的事。而且讓人進退兩難的是，這些後果引發的情緒遠比一開始我們想降低的情緒更爲強烈！

當里卡多發現自己工作壓力很大時，他往往會待得更晚、在準備離開辦公室時接聽電話，或是在下班前做最後一件事。他會待在辦公室裡逃避。這些行爲讓他暫時鬆了口氣，卻因此趕不上和家人共進晚餐，進而引發和妻子的另一場爭執，也讓孩子失望。他的行爲在這些時刻受到情緒的導引。他把工作擺在第一位，並非因爲他有意識地想這麼做，而是因爲覺得這是當下處理不適的唯一方法，但這導致他離婚。

我也時常與情緒驅動行爲奮戰。如前文所說，我往往會把陪伴迪亞哥的時間擺在第一位，這件事很愉快，但老實說，這麼做是因爲那一刻帶給自己的感受：

每天早上兒子甜蜜的雙眸、微笑、親吻和擁抱，讓我深深覺得被愛，所以即使明白把部分時間拿去運動長期來說對自己比較好，我還是選擇把全部時間用來陪他。但我必須承認，這很考驗人。我時常發現自己在那樣的時刻被情緒欺騙。等到當天稍晚，覺得背疼或褲子穿不下時，我就會生自己的氣。這時大腦會斥責我：**偽君子！妳怎麼言行不一呢？**

里卡多和我在這些時刻都是**根據我們有何感受，而非自己重視什麼來行動**。這就是談到過著與價值觀一致的生活時，情緒驅動行為為什麼是有問題的，因為這類行為奪走了我們邁向對自己最重要事物的機會。這就是為什麼我經常把情緒驅動行為稱為「滅火器法」。沒錯，我們**可能**成功撲滅了最切身的火災，但也可能因此錯過拯救最重要事物的更寬廣機會。

情緒都是不好的嗎？

情緒都是不好的嗎？當然不是！我們的情緒具有重要功能。如果看過廣受歡迎的皮克斯電影《腦筋急轉彎》，你可能已經知道我要說什麼。你如果只有少數幾種情緒，就無法過上豐富充實的生活。過著人類的生活，意味著對所有情緒抱持開放的態度。此外，情緒包含了自己所處環境的訊息，有助於保護我們不受傷害。在荒野中，假如和一頭獅子面對面，恐懼會促使我們迅速離開現場。在家，從冰箱拿出來的牛奶如果聞起來覺得噁心，這是保護你不會喝下變質的牛奶而鬧肚子痛。

情緒不只對自己有益，也能幫助他人。別人的情緒表達也包含了我們所處環境的細節，能幫助我們判斷下一步行動。舉例來說，假設看見有個孩子哭了，你會做些什麼來安撫那個孩子。如果開會遲到了，走進會議室時，辦公室閨密投來警告的目光，你會小心翼翼，盡力在不引起主管注意的情況下偷偷入座。如果大門傳來一陣響亮敲門聲和充滿怒氣、難辨內容的高聲吼叫，你在應門之前肯定會三思。

以上只是情緒能乘載無數資訊的幾個例子，現在讓我們回頭談談「情緒有憑有據，但不是事實」這句話。雖然體驗強烈情緒是人類的日常，但即使它們乘載了某些重要資訊，仍然無法乘載**所有的**資訊。比方說，假設看見有人睜大眼睛、汗流浹背地衝進屋裡，在弄清楚這人究竟是躲避駭人的事物、很興奮要分享好消息，或者只是剛跑完六公里很累之前，我們就會出於恐懼而心跳加快與肌肉緊繃。因此，雖然我們應當盡可能多多使用思考腦，但在生活中不一定能這樣回應，尤其是經歷強烈情緒的時候就很困難。情緒本身並無好壞之別，唯有根據情緒來選擇避開經歷不適的行動，問題才會出現。

去你的目標

情緒（儘管非常有用且必要）確實能阻止人活出最棒的人生，但它們並不是讓人最終無視自己價值觀的唯一理由。我在臨床上看見大多數人陷入困境的原因之一，是混淆了價值觀和目標。目標是我們計畫要做的事，價值觀則是指導我們行動的內在動力。世界各地有許多文化都很重視實現目標，④我們也時常教導孩子追求目標，比如入選足球隊員、爲了進好大學努力苦讀、爲了加薪超時工作，但是許多時候這些目標並非扎根在個人價值觀上。比方說，我告訴自己是雄心壯志驅使著我，但其實我只是專注追求下一個目標。有一陣子，這對我來說行得通。但其實忽略情緒上的代價，最後讓我陷入追求一個接一個目標的困境中。

我因爲盲目追求目標而付出代價的經驗，得到了研究的充分證實。舉例來說，二〇一七年發表在著名學術期刊《精神病學研究》上的一項研究顯示，凡是將目標連結到自我價值感並不計代價追求這些目標的人，更有可能出現憂鬱症狀。[5]爲什麼呢？我推測參與這項研究中的人在生活中不斷追求**什麼**，卻忽略了**爲什麼**。沒錯，實現目標總是讓人很滿足，但如果它和你在乎的事物並不一致，這種滿足又能持續多久呢？你是否在得到渴望已久的晉升後沒有好好珍惜那一刻，反而自問：**下一步該做什麼？**這種空虛感就是運用目標導航人生的結果，就像使用GPS導航的重點在於目的地，而非旅程本身。

你可能會問自己，**爲什麼明知自己的目標再也不是眞正想要的事物，但我仍舊持續不斷地追求它們呢？**我多次問過自己同樣的問題。我們持續追求目標的理由之一是：**避免任何可能的負面結果**。[6]我們正在走的這條路感覺比未知的路更安全。就我來說，攀爬學術階梯是熟悉的——雖然困難，卻是已知的挑戰。離開這條路，轉而追求另一種生涯很冒險，因爲我以前從未做過這件事。

所以我不理會自己的價值觀，而是努力專注在下一個目標上。這是把雙面刃，爲了持續實現自己的目標，我必須處理因爲持續追求無法帶來充實感受的目標所產生的不適。很多人領悟這一點時，可能爲時已晚，就像我直到健康亮起紅燈才發現。在處理不適的那些時刻，我覺得除了迴避別無他法，而你可能有時候也會這麼想。

當東方遇見西方

我們遵循的第三種常見替代指南是他人的價值觀，而不是自己的，尤其是當面對實際的障礙時（比如移居新的國家、轉行、結婚成家）。這些障礙往往挑戰重重，因爲它們會引發個人價值觀和群體價值觀之間的衝突，不可避免地會導致人際間的難題。爲了讓你明白我的意思，容我介紹史蒂芬妮的例子。

史蒂芬妮是個年輕的第一代中國移民，幾年前曾找我諮商。她的本名是梓涵，不過在外頭，她喜歡別人叫她史蒂芬妮。這其實是她不想讓父母知道的祕密，史蒂芬妮解釋說，因爲他們不贊成任何「美國化」。

史蒂芬妮在中國出生，在襁褓之年隨家人移居波士頓。她的父母只會說一點點英語，所以在家都以中文交談。另一方面，史蒂芬妮說得一口流利英語，我們初次見面時，她表示自己對此很自豪。史蒂芬妮說她父母很慈祥，希望她追求美國能提供的任何機會（雖然**不是**眞正的美國夢，因爲他們衷心希望她在任何方面都不要變成美國人）。他們也嚴格維護中國文化信念，比如他們堅持讓史蒂芬妮慶祝所有重要的中國節日。

年紀還小的時候，史蒂芬妮遵從父母的要求，甚至很享受那些精心準備的節日傳統，可是等她二十多歲、是個大學生了（住在家裡通勤上學），她開始叛逆，寧願和她的「美國朋友」一起消磨時光。我在此特別使用引號是想彰顯史蒂芬妮在我們的會晤中談起這件事的態度：她父母不贊同她與非中國人往來，而且他們不容分說地把人分門別類。這時常讓史蒂芬妮覺得很難過，因爲她很想和大學的朋友出去玩，這彷彿背叛了自己的家人。不過，這正是她想要做的事。我問她爲什麼決定找我談一談？她說有位教授（對方恰巧是我的好友）勸她尋求協助，因爲她孤立無援，學業成績也受到影響。

初次會面時，史蒂芬妮說，最近她一直覺得很憤怒。她不知道怒氣從何而來，但確信如果我能幫忙「擺脫它」，她就會再次快樂起來。我的應對方法是再次談到自己喜愛的「症狀／感染」比喻，並告訴她在諮商期間，我們不會浪費時間處理她的憤怒。我告訴她，我們在治療中**應當**努力完成的，是找出方法解決她憤怒的根本原因。

我請史蒂芬妮說說在家生活的大致狀況。史蒂芬妮告訴我，她父母灌輸她許多令人敬佩的價值觀，還有這些價值觀如何引導她用功念書、尊敬中國文化、把家人擺在第一位，對比於美國的個人主義，這些價值觀灌輸她一種比較集體主義的世界觀。[7]對於一個來自不穩定背景的年輕人來說，她已經取得了不少成就，但除了感激之外，她覺得自己的家庭教育和生活也相當壓抑。

「在家時，我必須盡可能像個中國人，而且那是我唯一能扮演的角色。」

我請她說得更詳細點。她停頓了一會兒，彷彿她即將背叛家人似的。

「好吧，舉個例子來說，就連電視節目這種芝麻小事，我也只能看華語節目。我父母不希望我看美國節目，他們只允許我看華語節目。我想和朋友看同樣的節目，但是在我家不准，雖然這看似不重要，但是就讓我在學校感覺自己像是局外人。」

「學校裡發生了什麼事？」我問。

「我在校園內會化妝、改變髮型等等。我只是按照自己想要的方式去做、去打扮。這就像是我可以更美國化，至少是我選擇程度的更美國化。但後來我父母開始對這件事管東管西，要我『收斂一點』，這讓我非常洩氣。」

從這裡開始，她沒有意識到自己切換成中文，細細描述她和父母之間的爭執全貌。接下來的五分鐘，我耐心地坐著等待，一個字也聽不懂。（我心煩意亂的時候也會開始說起葡萄牙語，我能理解。）

最後，史蒂芬妮抬頭看著我，發現我完全不知道她在說什麼，於是我們都笑了。不過我告訴她，我懂她的意思。有些事情無須語言形容，其中一件就是無論我們有多愛自己的家人，他們偶爾都會把我們逼瘋。

「聽起來像是妳困在兩種明顯不同的文化價值觀之間，又無法完全融入任何一方，結果學校課業和幸福全都因此受害。」

「對，就是這樣！我覺得這個問題沒有好辦法可以解決。如果我選擇這個，就得犧牲自己的幸福，如果選了那個，就是背棄我的血統。」

我在波士頓這種國際大學城生活與工作，見過許多像史蒂芬妮這樣的個案，無論他們來自哪裡，其家鄉的文化價值觀和他們在美國體驗到的新文化價值觀發生衝突，這種緊張局勢造成相當多的人際關係挑戰。事實上，從不吝惜創造新詞的學術研究圈用**「文化適應壓力」**來描述這種現象。⑧家庭對文化適應過程做何反應會直接影響個人體驗到的壓力程度。有項研究（巧合的是，研究對象是亞裔美國大學生）發現，面臨文化適應的家庭發生衝突與壓力增加直接相關。⑨

對於文化價值觀的衝突，我有很深刻的體會。剛來美國的時候，我最想要的莫過於成為美國人（你還記得前文提到同事說我「看起來很拉丁女人」時，我有多驚恐吧）。多年來，每當有人聽到我的口音或看了我一眼就切換成西班牙語，我都很生氣。不只因爲對方搞錯語言，而且我只是想被人當成美國人看待呀！只要發生這種事（而且它還時常發生），我的大腦就會開始不停打轉，很想大聲尖叫：**「你看不出來我是美國人嗎？！」**

我自己的文化適應過程耗費數年的光陰，不過我想起剛到波士頓的時候曾發生過一件趣事，它代表那時我開始有足夠的信心，可以將自己的巴西身分整合進剛剛獲得的美國身分當中。

當時我一直很努力想當個美國人，可是在來到麻省總醫院工作的第一年，有個陽光明媚的寒冷午後，大家正在討論文化認同，你大概猜到了，我還沒準備好參與這類對話，也不想討論這種事。這時是二〇〇五年春天，我對自己的族群認同幾乎沒有任何實質理解。因此，當培訓計畫主任在會議室裡到處走動，詢問每個人的族群認同時，我開始坐立難安。等她點到我的時候，我能勉強做到的是脫口說出「我是拉丁女子！」我最要好的朋友莫麗．柯爾文博士（Dr. Molly Colvin）是傑出的神經心理學家，也是我最常往來的人，她朝我瞅了一眼，說：「老天，盧安娜，妳今天肯定過得非常不順。妳**從來沒有**認爲自己是拉丁女人！」她說得沒錯！我知道在那個時點，我需要處理自己的文化適應了。我只是不知道該拿它怎麼辦，這就是我怎麼會懂像史蒂芬妮這樣個案的原因。

因此，史蒂芬妮和我都用自己的方式處理文化衝突，而這種衝突使我們進一步遠離對自己眞正要緊的事物。正因如此，我們往往不問**爲什麼**，也不深入探究自己的內在價值觀，就順從文化對我們行爲的要求。

回到迴避這件事，讓我們思考一個重要問題：是什麼讓史蒂芬妮的行爲變成一種迴避？這個嘛，當文化阻礙了史蒂芬妮的個人價值觀時，她就任由父母規定的中國文化規範爲自己的行動設定方向。（就我來說，則是因爲自己的歸屬欲望，讓美國文化支配我的行動方向。）我們的行動在那一刻是否眞讓自己覺得好過些呢？答案是肯定的，可是它們讓我們遠離了依照自己的價值觀過日子，因爲我們的運作是自動駕駛，遵循的文化價值觀可能不再是**自己的**價值觀。文化是他人的指南針，它可能是妨礙我們按照自己的價值觀生活的其中一項因素。

讓價值觀成為你的指南

與由情緒、目標或他人所驅動的生活相反的是：價值觀驅動的生活。價值觀驅動的生活指的是：由自己的價值觀發揮內在指南針的功能，幫助你定義人生目標，以及指引你**朝向**這個目標努力。

比起被我們的情緒、目標或他人帶著走，過著價值觀驅動的生活有時更艱辛，因爲它讓我們必須面對自己的迴避、辨識迴避，並時常重新校準生活，朝向對自己最重要的事物邁進。要做到這一點，你必須做出在當下可能造成更多不適、卻能帶來長久滿足的決定。舉例來說，早晨運動總是與我陪伴迪亞哥的時間相撞，老實說，前者的立即獎勵遠不如他的親吻，可是選擇**校準**我的日常行動，符合自己的健康價值觀，我很可能擁有更長且更健康的生活，從長遠來看，我能有更多時間陪伴迪亞哥。

其實有超過一百項探討接受與承諾療法的研究證實，價值觀驅動行爲能帶來正向的影響。[10] 學會如何過著價值觀驅動生活的人較少有焦慮、憂鬱、藥酒癮，甚至身體疼痛的問題。儘管價值觀驅動生活在當下可能頗有難度，但從長遠來看，它會帶來更充實的生活。想要活出勇敢無畏的人生，將行動**校準**價值觀至關重要，這正是我們要在下一章探討的。

第11章

校準你的內在指南針

在接近本書最後一章之前，我得承認一件事。雖然我時常思考自己的價值觀，但是在執業的頭幾年，卻從未和個案談論過他們的價值觀。過去我接受的訓練是今日心理學界稱爲「第二波」的認知行爲療法。[1]這讓我關注的重點是個案的想法與行動，我通常會擬定明確的計畫，教他們的大腦停止對假警報產生反應（參見PART 2與PART 3）。儘管有大量臨床研究支持這種方法論[2]（更不用說我的許多個案確實得到了改善），但是過了一段時間之後，我開始覺得好像缺了什麼東西。這有點像是我教個案透過運動改善健康，卻完全忽略他們的飲食和睡眠。

說到這一點（冒著破壞前述比喻的風險），我確實花了不少時間跟個案聊他們吃些什麼、做了多少運動和睡了多久，因爲照顧身體健康有助於改善心理健康。③發表在《刺胳針精神醫學》期刊上的一項研究對一百二十萬名美國成人進行調查後發現，有固定運動習慣的人精神狀況不佳的情形減少了四三%。④研究人員進一步分析後發現，想獲得心理健康益處，最有效的做法是每週運動三至五次，每次持續三十至六十分鐘。即使只是清晨在陽光下散步都能帶來極大的好處。眞是很棒的生活妙招！

除了確保個案規律飲食、充足睡眠和經常運動，我也密切注意他們保持臨在與正念的能力，幫助他們學會以不評判的方式注意當下。⑤我從一九九八年開始對正念研究感興趣。多年來，我參加了喬．卡巴金主持的每一場工作坊。很開心我早早聚焦在這個領域，因爲今天從科學的角度已知正念和冥想對情緒健康有多重要。一篇針對一百四十二項隨機對照試驗（也就是隨機分派個案接受正念介入法或另一種療法的實驗）進行回顧與分析的文章發現，正念介入和其他實證心理健康療法同樣有效。⑥這些結果對於任何嘗試一心多用的人來說也許沒什麼好吃驚的。當注意力分散在兩種活動之間時，我們以爲自己能完成更多工作，但實際上我們的表現水準會下降。⑦我們在學校課堂上愈來愈常見到這種情形。在上課時間傳訊息、瀏覽網頁或查看社群媒體的學生，其測驗成績和等第制學業平均成績（GPA）都比較差。⑧

因此，儘管我幫助個案**轉換**他們的思維、以**接近**取代迴避、養成健康的習慣、觀照當下，但我知道少了什麼東西。領悟到這一點之後，我決定更深入探究接受與承諾療法。⑨（小提醒，接受與承諾療法是一種實證療法⑩，聚焦於追求有意義的生活，並接受必然伴隨而來的痛苦和不適。）具體來說，我很感興趣的是價值觀如何與我一直以來做的個案輔導工作相輔相成。

而且我發現自從將價值觀整合進對個案的治療後，他們結束治療的速度開始變快。大成功！畢竟我總是認為，我的主要職責就是一次又一次努力讓自己失業。個案的症狀不僅得到改善，也讓他們憑藉著一份價值觀驅動的計畫，更有能力應對未來的種種挑戰。這也是我對你讀完本章之後的期許。

如果價值觀是自己的內在指南針，那麼我們的目標就是過著價值觀和行動盡可能一致的生活。這麼做不僅能減輕我們感受到的壓力，也能增進生活的意義。

向個案傳授**校準**這個步驟時，我發現稍加借用網球的「一局、一盤、一場比賽」

（Game, Set, Match）這個說法很管用。我把它改編成「**命名**、**設定**、**吻合**」（Name, Set, Match）。在人生這場比賽中，你要從爲價值觀**命名**開始，因爲少了明確的指南針就無法前行。接著，你要爲內在指南針**設定**一個大膽願景。這能提供靈感，讓大腦擺脫一成不變，並根據自己的價值觀，爲你想去的地方擘畫出某種願景。最後，要讓明確的日常行動**吻合**你的價值觀。

大腦也需要鍛鍊

命名、**設定**、**吻合**都需要努力和練習。如果學的是打網球（而不是學習保持情緒健康的技能），你可能已經知道要從哪兒著手。我們已經學會無數鍛鍊身體的方法，也有很多準則指導我們該做什麼類型的運動、進行多少運動，以及多常做運動。（隨之而來的是大量良好的資訊參雜著糟糕的資訊。）這世界告訴我們，想變得更強壯、更健康且避免虛弱，就得多動，而且刻意地活動。然而，現代文化將身、心健康斷開了。

不知什麼原因，我們的文化忽略了**大腦也是另一個器官**，它因此也需要「鍛鍊」。沒錯，你不能叫大腦做伏地挺身，可是努力練習本書介紹的技能，就能建立**認知彈性**。雖然我們談論的是想法和概念，卻不代表你能在一夜之間就「具備」這一切。你必須把這視同任何其他技能，無論是加強背蹲舉或學習某種語言。不過我明白等待很遜，我也曾企圖不用排隊，快速通關。

我在二〇〇〇年開始念研究所的時候，好友貝格琳德跟我聊到瑜伽，說它對她大有助益。她建議我跟她一塊去上瑜伽入門班。我喜歡這門課，它對我來說非常扎實（二十二年後依然如此）。可是在第一堂課結束後，我去找老師，說：「我必須做什麼才能進階下一級？我能在這個學期結束前晉級嗎？」換句話說，**「我現在就想要開悟、鐵打的核心肌群，還有體操運動員的靈活性！」**

這位親切溫柔的老師看著我，說：「重要的是旅程，不是目的地。」我討厭聽這種老掉牙的口號，因爲此時的我仍舊認爲，生活是需要狠下心去實現的一連串目標。讓這什麼旅程的胡扯見鬼去吧！不過我持續練習瑜伽，也慢慢磨掉這樣的想法，我很高興當時這麼做，因爲這是我完成研究所學業的唯一方法。到了學期結束前，儘管我還沒學會什麼玄虛的祕訣，但肯定有實質的進步，我已經能駕輕就熟地嘗試倒立（一開始這嚇壞我了）之類的事物。

我分享這一點是爲了鼓勵你不僅在閱讀本書的過程中，也能在人生旅程中擁抱價值觀實踐。我希望每當你來到生活的重大岔路口或轉變時刻，價值觀可以成爲自己回歸的根本。這也許是瑜伽教室中說得最好的一句陳腔濫調，不過旅程確實才是重點。或者如果你願意，不妨選擇進步，而不是結果。那麼，讓我們繼續前進吧，是時候了。

為價值觀命名

爲價值觀命名是活出日常行動與價值觀相符的生活的第一步。雖然簡單列出一份清單是辨認價值觀的簡便方法，但還有一種更強大、經科學證實有效的方法：**寫出對你最重要的事**。[11] 以下兩則價值觀辨識練習是接受與承諾療法常用的典型練習，[12] 它們常被稱爲「酸甜」練習。我根據自己的臨床專業知識加以改編，確保你能在本章中逐步完成它們。[13] 其中一則是透過檢視歡喜的時刻，幫助你辨認自己的核心價值觀（也就是「甜美」練習），另一則是探看痛苦時刻的背後（也就是「辛酸」練習），藉以辨認爲何這樣的痛苦會發生。兩者都能幫助我們掌握自己內心深處眞正在乎的價值觀。因爲這兩個練習是從正反兩種角度探討同一件事，你不一定要兩個練習都做，不妨依據哪一個練習較能引起你的注意進行選擇。如果還是拿不定主意，就從甜美練習著手，看看它會把你帶往哪裡。

按照自己價值觀生活是多麼甜美

由於生活中的美好時刻往往藏有自己的價值觀，讓我們首先聚焦在最近兩個月內對你來說進展很順利的某個特定情境（參見後文的反思）。如果最近生活格外不順遂，讓你想不出任何類似的時刻，請跳到下一個反思，它聚焦在辨認生活痛苦時點當中的價值觀。

反思

感受甜美

想著你最近兩個月內感覺甜美的一個特定時刻。無論是一瞬之間或持續一整天，都不要緊。想像這一刻，彷彿它是在你面前放映的一部電影，同時試著捕捉它的要點。不要審查你的想法，或者用不必要的概念去詮釋這一刻。盡可能試著讓自己重回這一刻，運用你所有的感官去感受它。你一旦在心中創造出這部電影，請拿出紙筆，花十分鐘仔細寫下這一刻。爲了確保你對自己負責，請設定計時器。只管自由書寫即可，格式不拘，不必花俏。寫下你想到關於這段美好時光的點點滴滴。如果發現卡住了，以下幾道問題能幫助你寫出這一刻：

- **你當時在做什麼？**
- **你和誰在一起？**
- **你有什麼感受？**
- **後來你對這件事有何感覺？**
- **你會怎麼對朋友描述這一刻？**

我建議你如實花時間寫出這段敘述文字，因爲下一則練習會使用它幫助你辨識某些核心價值觀。

里卡多的甜美時光

讓我們回頭看看里卡多如何透過這道練習辨識出他的價值觀。儘管即將離婚讓里卡多很痛苦，但這項練習引起他的共鳴。他做了這個練習，想更了解自己的價值觀。里卡多聚焦在家人身上，他描述一次假期時光，想起當時和兩個孩子：蓋布里歐和茱莉亞，還有妻子瑪麗亞在一起的那種充滿活力、全心在當下的感覺。以下是他所寫長文的摘要：

我牽著蓋布里歐和茱莉亞的手走在邁阿密海灘上。這天很炎熱晴朗，海灘上擠滿了人。我望向瑪麗亞，她露出燦爛的笑容。我覺得很滿足，彷彿就算命喪於此，我也實現了自己最想要的事物。當陽光灑在臉上，我感受到一種活著的感覺，像是這世上再也沒有其他事比這一刻重要。當腳踩在沙上時，我感覺彷彿這世界正緩慢地移動……聽見蓋布里歐對我半開玩笑的話笑出聲的時候，我想起這些時光是多麼珍貴，還有

我是多麼喜歡和他們在一起。

里卡多繼續詳細描述那天他和瑪麗亞的某段對話，她是多麼珍惜他們的假期時光，以及那天早上他如何能在不被工作干擾之下將注意力放在家人身上，當個自己心目中稱職的父親和丈夫。

在里卡多向我大聲念出這篇文章後，我們做了幾道反思問題，找出在這方面什麼價值觀對他最為重要。

以下是我們檢視的幾個問題：

- **我在這方面在乎的是什麼？**
- **這個片刻暗示我想要過什麼樣的生活？**
- **這個片刻展現的哪些特質能體現我想過的生活？**

里卡多很在乎家人的**歸屬感**，以及與他們**有連結**。這個片刻告訴里卡多，要是和家人在一起的時候他能總是**全心投入**，生活會是什麼模樣。這個片刻也讓他感受到，他在那一刻確實是最棒的父親和丈夫。里卡多提到，那天早上他把公務手機留在旅館裡，那也許是這個片刻對他來說如此特別的原因之一。他很少這樣做（我懷疑只有他不會這麼做），所以和家人在一起的時候，他的注意力經常得分散在家人和他隨身攜帶、總是響個不停的手機上。

里卡多眞的很努力想在生活中一次只專注在一件事情上。他時常在我們的晤談中告訴我（也許還有他自己），爲了讓事業成功，他必須盡可能一心多用。然而，這段假期回憶與那些習得的信念形成鮮明對比。進一步反思後，里卡多意識到那天**全心在當下**讓他感覺更快樂，也比較不會焦慮不安，這讓他很驚訝。當我們進一步檢視哪些價值觀眞正讓里卡多在那一刻體會到甜美，他認爲**連結**是核心價值觀。里卡多透過這次探索才明白，想過著壓力更小且更有意義的生活，他需要和家人建立眞實且持續的連結。這個價值觀尤其需要應用在孩子身上。雖然里卡多選擇透過甜美時刻來審視自己的價值觀，但這選擇不乏悲傷，因爲他並沒有按照自己的核心價值觀生活。里卡多領悟到他的婚姻搖搖欲墜的理由之一，也許是因爲他和妻兒缺乏連結。沒錯，他非常看重連結，但是當情緒高漲（這時常發生），他往往就會忽略這個關鍵價值觀。因此，他醒著的絕大部分時間都過著痛苦的情緒驅動生活，而不是價值觀驅動的生活。

現在輪到你了。請進行你的「感受甜美」書寫練習，並且運用下一個反思仔細思量它。這裡的目標是讓你運用自己的甜美反思找出最在乎的價值觀。

從〈邦巴舞〉到價值觀

我有好幾個星期找不到時間寫這一章。具體來說，我無法「說到做到」。坦白說，我試著進行健康方面的甜美練習卻卡住了。就算努力想讓自己的健康狀況重回正軌，加上里卡多的例子啓發我想挖出與健康有關的任何甜美記憶，可是我一無所獲！（不知爲什麼，「在公眾場合汗流浹背」實在很難激發我太多愉快的感受。）

最後，我意識到自己在逃避！我一發現這一點，便自問：**眼下的障礙是什麼？**就在這時，我留意到腦子裡有個小小的聲音正在抱怨：**可是我的身材都走樣**

反思

辨識價值觀：它有多甜美

根據你對甜美時刻的反思，試著透過自問下列問題，找出特定的價值觀：

這個片刻暗示我想過什麼樣的生活？

這個片刻展現我身上的哪些特質能體現自己想過的生活？

在這片刻對我最重要的是什麼？

反思這些問題之後，試著找出對你很重要的幾個價值觀。有時，爲價值觀**命名**很困難，如果你需要幫忙，請回頭查閱【表9-1】的共同價值觀清單。

了！恢復良好體態這條路既辛苦又漫長，我怎麼可能在這方面找到任何開心事？於是我問自己：我最要好的朋友在這情況下會怎麼說？（實行轉換觀點），然後得出：「就算妳現在身材走樣，也不代表妳專注追求健康時從未感受過喜悅。」對自己這麼說緩解了我的不適感，讓我終於完成這項練習。以下是摘要：

四月的一個早晨，迪亞哥起床後衝進我的臥房，要求我們一起去踩飛輪（別擔心：他沒有飛輪車，但他有一台小型健身腳踏車，就放在我的飛輪車旁）。我疑惑地看著他。早上七點運動，都不用掙扎一下嗎？可是他告訴我，之前我去洛杉磯出差時，他和大衛每天都運動，他希望我也能運動。「等等，我想先喝咖啡。」我抗議道，但這場仗我顯然贏不了。好吧，踩飛輪去！我們走到放飛輪車的地下室，他興高采烈。他先舉重（我們之前送他幾個玩具槓鈴當做聖誕節禮物）。迪亞哥看著鏡子，對自己露出笑容，一邊說著他要如何變得更強壯。他的笑容帶給我喜悅，我感覺渾身充滿活力，在那一刻覺得自己可以只是抱著他，直到永遠。但他很快就堅持要我跟他一起運動。我只好慢慢跨上飛輪車（起初我有點害怕），迪亞哥對運動的真摯熱愛在那一刻也支持我往前邁進。我播放最愛的拉丁行程，流瀉而出的音樂既響亮又生氣勃勃，歌單很快來到〈邦巴舞〉（La Bamba）……迪亞哥現在跳起舞來，我笑著努力踩動飛輪車，但其實注意力全集中在這音樂和兒子讓我覺得多麼……充滿活力、全心在當下、連結。迪亞哥喜歡這種音樂，這個行程裡的歌曲時常讓他翩翩起舞。二十分鐘過去了，幾乎像是一眨眼。我滿身是汗、非常開心，感覺棒透了。

當反思健康時，尤其是那個早晨，我意識到自己在健康方面真正在乎的是和家人有所連結、幸福感，還有身爲母親的責任。我體認到，經常運動並展現出在乎自己的健康，其實也是向迪亞哥示範健康的生活，因爲我很關心他。這鞏固了我想擁有把健康當做第一要務的生活。在這樣的生活中，我會給身體所需的空間，才能確保我保持身體強健，並盡可能長時間維持如此。爲了健康本身而去追求它是一回事，爲了能爲身邊的人付出更多而創造並保持健康又是另一回事。

爲人父母時，你的生活就不再是自己的，你會爲了兒女的幸福努力活著。我知道自己必須堅強起來，才能把絕大部分精力獻給迪亞哥，保護他的安全，讓他感覺被愛，給他能在這一生茁壯成長的最佳機會。那天早晨的暫停也讓我明白，也許我不必每天早晨在健康和家人之間**做出選擇**，也許有辦法能結合兩者。但最重要的是，它讓我再次感受到當**身心健康**被自己放在第一位，生活會是什麼樣子。因此，如果我必須根據某個價值觀安排這一切，那個價值觀會是身心健康。透過向這個價值觀注入更深層的**爲什麼**，就像是把某個價值觀放進另一個價值觀當中。

沒錯，我想要變得健康，可是我的身心健康不只跟我有關，而是與成爲**最好的**自己有關，因爲這樣我才能爲家人貢獻更多，這與有些人想要賺大錢，才有更多錢可以捐給慈善機構是一樣的道理。

用痛苦照亮前路

人類出於本能會盡可能減少疼痛並避免不適，這就是爲什麼當我們試著改變自己的行爲時，迴避會如此普遍且時常獲勝。雖然疼痛有其消極的一面，卻也是生活中重要的身心指標。試想：要是你感受不到疼痛會怎樣？（其實英國有位感受不到疼痛的女性喬・卡梅倫〔Jo Cameron〕，她的故事基本上就是這個「要是……會怎樣」提問的眞實體現。她的故事相當有意思，値得你動手搜尋看看。）想像你是個廚師，手失去了痛覺，要是你徒手握住熾熱的鑄鐵煎鍋柄會怎樣？什麼事也沒有！嗯，可以說是近似沒事。雖然你沒感覺到有事發生，但很容易重度燙傷。因此，無論感受疼痛有多不好受，它其實具有重要的作用：疼痛的存在是爲了保護我們。

情緒痛苦也有類似的作用（我知道，當你爲了感情結束而倒在床上哭得死去活來時，很難相信這種說法）。情緒痛苦向我們警示潛在危險或傷害，儘管我們時常想遠離情緒痛苦，但是它其實能讓我們更加了解自己的價值觀。透過接受與承諾療法的視角，臨床心理師為了幫助對方辨認出痛苦背後的價值觀，經常會問個案一個問題：「在這個處境下，若要讓自己不感覺痛苦，你必須不在乎什麼事？」當我們感受到某種程度的情緒痛苦時，其中一個理由是自己很在乎的事（也就是我們的某種價值觀）被迫讓步，因此覺得很受傷。

舉例來說，當我問里卡多這個問題時，他立刻哭著告訴我：「要我對離婚不感到痛苦，我必須不在乎妻兒，這是不可能的。我愛他們，這就是為什麼這一切讓我好痛、好痛。」同樣的，當我自問這個問題，我必須**完全不在乎我的身心健康**，才能在無法按照那個價值觀行事時，什麼也感受不到。當認真看待這個問題時，我隨即快要哭出來，因為我知道如果今日不投資自己的身體健康，就是剝奪日後我能與迪亞哥相處的寶貴時光。

透過痛苦找出價值觀的做法就是基於唯有它與自己真正在乎的事有關，我們才會感受到情緒痛苦的這個觀念。⑭ 因此，這項反思會幫助你透過一窺痛苦的幕後，了解自己真正在乎的事物。有了這層認識，我們就能擬定計畫，重新校準自己的生活。

反思

辛酸之處：從痛苦到價值觀

我希望你專注在最近兩個月內曾帶給自己巨大痛苦的某個處境。它可能是讓你感到痛苦、悲傷、不安或任何不愉快情緒的某個時刻。想像這一刻，彷彿它是在你面前放映的一部電影，同時試著捕捉它的要點。不要審查你的想法，或者用不必要的概念去詮釋這一刻。盡可能試著讓自己重回那一刻，運用你所有的感官去感受。

你一旦在心中創造出那部電影，請拿出紙筆，花十分鐘仔細寫下這一刻。爲了確保你對自己負責，請設定計時器。只管自由書寫即可，格式不拘，不必花俏。寫下你想到關於這個艱難時刻的點點滴滴。我們會運用你的敘述文字，幫助你在下一則練習中辨識自己的某些核心價值觀。如果你發現自己卡住了，不妨運用以下幾道問題寫出這一刻。

- **你身體的哪個部位感受到痛苦？**
- **允許這種痛苦進入是什麼樣的感受？**
- **你在這個片刻會對自己說什麼？**
- **當你允許這種痛苦浮現時，會勾起什麼回憶？**

透過痛苦找出被迫讓步的價值觀：史蒂芬妮的價值觀

史蒂芬妮做這個練習時把焦點放在最近一次和家人的爭執上。爲了充分理解自己的痛苦，她要求以中文書寫。這是很棒的提議，有研究指出，運用較不流利的語言其實會造成在情感上和主題保持疏離。⑮如果你懷疑這一點，不妨使用自己不太熟練的語言書寫生活中某個糟糕或激動的時光。我猜結果對你或閱讀你這篇文章的人來說，都不會非常吸引人。史蒂芬妮寫了最近一次因爲她的美國、中國兩種身分認同而產生爆炸性與傷害的衝突。她與家人的爭吵總是有太多糾葛，雙方都覺得自己的發言沒有被聽見，也不受尊重。世代和文化之間的矛盾帶給史蒂芬妮極大的痛苦，而這正是她選擇寫下它的原因。

眞希望能多說點史蒂芬妮的書寫內容，可惜我確定翻譯中文並不在自己的專業技能內。以下是史蒂芬妮和我從她的反思中發現的：史蒂芬妮意識到，每一次父母要求她遵從中國文化時，她都會生氣、難過和氣餒，而且時常不想理會他們。可是爲什麼會有那些情緒呢？躲在她痛苦背後的是什麼？她告訴我，她領悟到倘若不在乎父母，也沒愛他們那麼深，那麼他們的意見對她根本不重要，她大可無視他們的願望，繼續過自己的生活。換句話說，當雙方爭吵時，她對他們的愛就會大打折扣，進而造成她的痛苦。在此我必須強調，在史蒂芬妮和我進行這則練習之前必須先完成大量的治療工作。文化適應壓力來自內在與外在，我們必須先處理那些壓力，接著才能讓她透過價值觀的角度看待家人間的對立。話雖如此，透過審視自己的痛苦並找到「愛」這個核心價值觀，史蒂芬妮才能開始覺得好過些，也不那麼生氣了，接下來才能著手尋找方法，將她不同的身分認同融而為一，同時與她父母協商。

現在輪到你了。等你寫出前一則反思的辛酸時刻，問自己這個問題：**若要讓這個痛苦不存在，我必須不在乎自己的哪個價值觀？**透過思索這個問題，能找出在這種痛苦的處境下，你的哪個價值觀可能遭到侵犯。這是個指標，告訴你那個價值觀對自己很重要。運用後文的反思整理你的想法。

反思

揭露辛酸之處的價值觀

根據你對這個痛苦時刻的敘述，自問：

若要讓這個痛苦不存在，我必須不在乎我的哪個價值觀？

什麼對我很重要，卻被犧牲了？

反思這些問題後，試著找出對你很重要的幾個價值觀。有時，為價值觀**命名**很困難，如果你需要幫忙，請回頭查閱【表9-1】的共同價值觀清單。

反思痛苦帶來的痛苦

放慢速度讓大腦靜下來進行痛苦的反思，如果覺得很吃力的話，你並不孤單。我發現，雖然審視痛苦找出價值觀很有幫助，但我自己往往會避免這麼做，因爲就像我的個案米蘭達前幾天說的：「這感覺像是我的生活此時此刻發生大火，你不要我撲滅它，反而希望我讓它繼續燃燒，好看清痛苦的背後是什麼。」我不得不同意她的看法，從文化和生理的角度來看，沉思痛苦都是違反直覺的。但每次個案允許自己去思考時，結果總是能找出絕對明確的價值觀。

在邁向校準價值觀與目標的下一步**設定**之前，我想分享自己的痛苦時刻，它在許多方面都促成了本書的誕生。其實，要不是我允許自己去感受這份痛苦，我敢打賭我仍舊會追逐著目標，對自己謊稱這是受到雄心壯志的驅動，但心裡始終清楚有些事情不對勁。如同前文曾提到，我知道自己的事業不能再繼續這樣下去已經有一段時間，但直到遭遇巨大痛點之前，我都不願眞正去處理這個情形。這個痛點以我和工作機構的領導者之間的價值觀衝突的形式出現。實際情況是，有很多時刻能說明爲什麼我不再適合，但在此我只提一個可以說明這個模式，以及痛苦如何揭露價值觀受到損害的時刻。

在我的職業生涯中，曾遇過一個很難相處的老闆，姑且稱他爲勞勃。勞勃是醫師，也是我工作的醫院裡的高階主管。基本上，他在我們業界是個很有影響力的大人物，十多年來我一直很敬重他。幾年前，他提供我一份具有挑戰性但非常棒的職務，可以直接跟他一起工作。因爲十分崇拜他，我抓住了這個機會。但我慢慢注意到，每當勞勃對我做出小小的評論，都會讓我感到一陣痛苦。他說的話沒有任何一句能扼殺我的意志，但它就像是被紙片割傷手，最終放乾了我的血。這些批評是特定年齡層的人沒有留意便脫口而出的那種言詞，充滿性別刻板印象和微歧視。比如有一次他說，我應該「更溫柔、更有女人樣，別那麼像男人婆」。類似狀況一個接一個發生，最後我覺得自己受夠了。

這種場景和經驗不只是我才遇得到，無論男女，許多人都曾在生活中經歷過歧視、微歧視和偏見。所謂「微歧視」指的是針對邊緣化身分的人做出微細的言語、行爲或環境的侮辱與否定。⑯ 這些經驗很痛苦也很眞實，而且會對承受者的情緒健康帶來負面影響。⑰就我而言，勞勃持續不斷的評論和缺乏支援使我最終辭去了那項職務。說來可恥，辭去職務時我並未透露眞正的原因。我決定只需要切斷所有聯繫就好。我告訴勞勃的話，是我自認他想聽到的：「你是對的，我現在有兒子得照顧，我實在做不來。」我很不好意思跟你們分享這一點，因爲那個說法跟當時的事實相去甚遠。

我原以爲用這種方式辭職會更容易，也不會那麼痛苦，可是在我接受這份職務之前，我們部門裡有個資深心理學家曾警告我：「無論妳怎麼做，千萬別惹惱勞勃。」當時我並不明白這是什麼意思，也不知道我怎麼可能惹他生氣，但事實證明我確實踩到了紅線。

我辭職讓他很生氣，接下來的幾週是我個人的煉獄。衝突發生在財務問題上，具體來說，勞勃認爲，不知怎麼搞的，之前我一直從錯誤的資金來源支薪，我因此掏空他銀行帳戶裡的錢。如果你不在學術圈，可能不懂我在說什麼，但我們的薪水有多個來源，比如五〇％來自X補助金，二五％來自Y補助金之類的。這套系統不容易管理，錯誤時常發生。不必要的無聊細節，我就不多說，總之當初我跟勞勃的協議是，在我爲他工作的期間，他會從自己的一個帳戶支付我全額的薪水。

我辭職後過了幾天收到勞勃寄來的電子郵件，提到因爲某種錯誤，使得我必須退還大部分的錢，那個金額相當於我一整年的薪水！這整件事陷入了可預見的大量電子郵件和電話往來、爭執與衝突不斷的泥淖中，成爲我漫長職業生涯中最糟糕的一件事。這樣的處境讓人夜不成眠、終日惶惶不安、連續好幾週在精神和情緒上疲憊不堪。這可眞是一段有意思的時光啊！

以下是我大腦內部情形一瞥：

現在是一月初，早上四點我就醒了，我睡不著，腦子裡有千百萬個念頭奔騰著：

爲什麼他要這麼做？

我做錯了什麼？

我知道當初談的是全額薪水。

這不公平。

我努力工作這麼久，信任他這麼久，爲何他會認爲我偷他的錢？

他不信任我嗎？

如果眞的要我歸還這筆錢，我該怎麼辦？

我沒有這筆錢！

這對我的家庭和財務狀況會有什麼影響？

也許我可以在晚間多接幾個個案，但我好累，無法多接案了。

走筆至此，痛苦又再度襲來，我不禁潸然淚下。這件事發生在將近兩年前，可是我的眼淚還沒流乾。我的心一縮、呼吸變淺，我想逃離這段記憶……可是當我忍受這痛苦，許多其他記憶紛紛湧現，我回想起心情沉重、被明確或委婉告知要服從大多數意見的那些時刻。相關人等的臉孔閃過我腦海中，更多淚水湧了上來。到最後，我的喉嚨有種緊縮感，似乎說不出話來。

這段經歷對我來說眞的很痛苦，我花了好幾個月的時間才能夠在大清早坐下來逐步完成這則反思，並感受那份痛苦。起初只是純粹的痛苦和眼淚，就像我的個案米蘭達說的那種惡火。有些早晨，我會任由自己哭泣，有些早晨，我只是生氣。但是那強度緩緩下降，使得我能眞正開始探看那痛苦的背後，並且問我自己：**若要讓這個痛苦不存在，我必須不在乎自己的哪個價値觀？**

我不斷自問：**爲什麼這件事還是那麼痛？**最後我找到了答案：**信任**。信任是我的核心價値觀之一，它對我來說極具挑戰性。成年後的我了解，我永遠無法信任我父親，他實在太不可靠。當然，我了不起的媽媽一直陪在我們身邊，她向來是我的信任榜樣。但是我從小就看見她也不信任我父親，所以我感覺信任像是一顆寶石，我只願意和最親近的人分享。對於有過創傷經歷，特別是發生在小時候的人來說，這種情況並不少見。⑱所以勞勃這件事傷我很深，因爲覺得自己再也無法信任他，與我生命中這段時期相關的所有記憶都涉及某種形式的違背信任。

因此，要我絲毫不痛苦地說出：「勞勃，去你的！他太過分了！」我必須不在乎信任，但那就不是我了。我需要信任身旁的人，覺得這世界很安全，才能正常工作，這就是爲什麼這段經歷如此痛苦。在辨認出痛苦背後的價値觀之後，我才能開始療傷，並找出方法去思考如果又遇上類似的岔路口，我會做什麼。

對於正在閱讀這段文字的你來說，如果處在我和勞勃的情境，影響你最深的也許不是信任，而是其他價值觀，像是誠信、眞實性或公平。受到損害的這個價值觀對我和我的世界觀來說是獨一無二的，但是基本原則普遍適用於所有人。舉例來說，假設你很在乎成長，卻發現自己在工作上持續表現不佳，或被要求去做未能充分發揮你的能力或防礙自身發展的事，你可能會在工作上感到壓力。同樣的，如果你在乎公平正義，卻發現自己經常處在不公不義的情境下，可能就會感受到強烈的情緒。這裡的情緒其實不是問題，它只是爲我們指出有東西無法正常運作——在這種情況下，你的價值觀正遭受損害。但如果你能把這種痛苦當成反思的起點，這些情緒通常會略微緩和，讓你有機會辨認出這種痛苦感受背後的價值觀，就像我一樣。

但我不會對你撒謊，探究痛苦時刻可能會受傷。我認爲這就像是情感手術。沒錯，我們可以繼續服用止痛藥，消除痛苦，但這樣做眞能解決根本問題，或者只是舒緩了症狀？另外值得注意的是，雖然這些感受和回憶可能帶來不愉快的情緒，但臨床訓練告訴我，別的姑且不論，我們可以用超然的態度看待情緒，猶如我們訓練自己將思想視爲過眼雲煙。如果你能注意到它，就能學著客觀看待它，而不被它牽著走。我這麼說並不是要淡化你的感受，只是想讓你有勇氣毫不猶豫地去感受自己的情緒，進而發現對你最重要的事物。

設定大膽願景

現在你已經辨識出自己的價值觀，下一步是欣然接受它們的引導。接受價值觀的引導是認知彈性的其中一個關鍵。⑲即使出現挑戰，認知彈性也是追求目標的關鍵。⑳換句話說，即使面對阻礙，價值觀也能讓我們朝目標不斷邁進。

當我和個案討論到設定價值觀驅動的願景時，他們大多會滿腹狐疑地看著我，彷彿是說：把它當成學術練習來做固然很好，可是應用在混亂的現實世界又是另一回事。那麼，在這些書頁之外，你要怎麼以可行的方式做到這一點呢？不妨這樣看：如果價值觀是指南針，我們還需要一個大致方向（如果不是具體的目的地），幫助自己活出更有意義的生活。其核心就是擁有**大膽願景**，最重要的是，這些願景是**依據由內在驅動的某種價值觀**。我說的「大膽願景」不是那種被凸顯、標註在社群媒體上，然後被遺忘的瑣碎成就，而是彰顯你是誰的重要里程碑、與你的價值觀緊密相連的事，以及經歷時給你「沒錯，這就是我來到地球上要做的事」這種感覺的事。它不必華麗顯眼或給別人留下深刻印象，它只需要對你有意義即可。

當我問你這個問題時，你的心在狂跳嗎？因爲當我想到這一點，我的心就止不住地雀躍。

我時常對這類大膽願景感到膽怯。它們嚇到我了！那痛苦、那過程、那失敗的可能性……那些害怕我不夠好的一切。不過，你並不是在閱讀一本談如何逃避的書，你在這裡是想要變得勇敢大膽，而這並不是無痛的。

我的大腦不想去想這些，那太可怕了。在開始之前要提醒你：評判的大腦有可能會立刻介入，並試圖設置寫有「此路不通」的大型標誌，警告我們不要做這麼遠大的夢。當試著盤點這些願景的時候，我的大腦經常會說出一些「有幫助」

的話：

妳不可能做這個啦。

妳以前就嘗試過大膽願景，但從未成功過！

妳有什麼資格做遠大的夢？

妳以為自己是誰？別人幹麼在乎妳有什麼話要說？（在我撰寫本書時，這個熟悉的聲音常伴我左右。）

如果你的大腦像我的一樣開始不停打轉，我建議拿出你在第 2 章做過的 TEB 循環反思，寫下你腦中正在發生的事。這樣就能在繼續進行之前創造暫停，並活化你的思考腦。

為了**設定**你的大膽願景，我希望你能先進行一項練習，這是我和新個案初次晤談時經常採用的練習。我在頭幾次會面時會問他們：在我們共同努力之下，成功會是什麼模樣？我得到的答案通常都跟他們的情緒困擾有關：**少一點**焦慮、**少**

一**點**悲傷、**少一點**擔憂。儘管這些結果是我們工作進展的重要指標，但我眞正想問的是，如果我們成功了，你的「新」生活會是什麼樣子？雖然「少一點」受苦的確是個好目標，但是用「少一點」來定義每個答案實在不如改用「多一些」描繪生活來得管用。多一些連結？多一些開放？多一些……？

至於以下這個反思，我希望促使你進一步思考不只是**多一些**，而是**最重要**：如果你做了對自己最要緊的事，生活會是什麼樣子？換句話說，如果充分實現自己的價值觀，你的生活會是什麼樣子？是大膽進取或謙虛？感受到周遭每個人對你的信任或坦率？如果每天都優先考量自己的核心價值觀，生活會是什麼模樣？我給你一個提示：它跟你的甜美時光看起來可能非常相似（跟你的辛酸時刻完全不像）。請花點時間在後文的魔杖反思中想一想這些問題。

反思

魔杖

這則反思要檢視的是你在辛酸時刻反思中找出的那些價值觀。花點時間想像你有一根魔杖，能消除與這個價值觀有關的所有痛苦，接著透過回答以下問題，思考要怎麼做才能**校準**你的生活，來符合這個對自己很重要的價值觀：

- **最後你會落腳在哪裡？**

- **這種生活會是什麼模樣？**

- **你在做什麼？**

- **你跟誰在一起？**

- **推動這種大膽生活的關鍵價值觀是什麼？**

別審查你自己。我沒有要你在這裡提出可行方案（下一步才要那樣做）。我希望敦促你確實看見自己實現了這項大膽願景。再說一次，目前我並不在乎**如何辦到**，只關心願景是**什麼模樣**。你的大膽願景是什麼模樣呢？

史蒂芬妮與我的大膽願景

史蒂芬妮的大膽願景，與她對父母的愛比較無關，跟她自己的文化適應過程比較有關。她想整合自己身上不同部分的文化，讓她能將完整的自我端上檯面。當我們進一步探討這一點，發現史蒂芬妮的大膽願景和**眞實性**有關。當我問她眞實性意味著什麼，史蒂芬妮告訴我，她想在自己的文化認同中同時擁抱東西兩方，不想因生活的外部事物而妥協。所以，如果她想看華語電視節目，她就會這麼做，不是因爲她父母准許，而是因爲自己喜歡。如果她決定穿得比較「美國風」，她也會這麼做。她會有一群能擁抱她兩種文化的朋友，而且大多數時候能按照自己的內在指南針生活，而不是讓文化規範告訴她什麼才是可接受的。

文化適應很有挑戰性，我自己也走過這條路，可以理解史蒂芬妮渴望能眞實地展現自己，而不覺得有必要爲自己不同、看似矛盾的部分道歉。跟你分享一個小祕密：我至今仍然穿著灰色員工制服，但不是因爲想融入群體。如今我穿上制服是因爲覺得這麼做更像我學術、勤奮好學的自我。當然啦，還要配上具有拉丁風格的紅領巾！

如果讓我爲自己揮動魔杖，把焦點放在追求身心健康上，我的生活就會截然不同。我會過著更平衡的生活，少一點混亂，多一些時間來創造自己很渴望的身心健康。無論有無家人陪伴，我都會從事更多體能活動，也會透過健行、長時間散步、與大自然更深層的連結來增添樂趣。勇氣也是我在這有魔力的生活中所遵循的價值觀。勇氣幫助我持續邁向健康，特別是在迴避時刻。再揮一下我的魔杖，就有另一種價值觀在專業上指引我：影響力。具體來說是透過傳授本書中的技巧影響眾人，做爲我爲解決全球心理健康危機盡一份心力的方法。

吻合：將大膽願景轉化為大膽計畫

確認某個價值觀並設想能完全接納該價值觀的某個新現實，是**校準**的第一步，但是它們本身並不能改變遊戲規則。要做到那一點，我們必須將價值觀轉化成行動！你可能心想：**好，我能看見這個大膽願景，可是怎麼做才能朝它邁進？**

我實在毫無頭緒……那何必多此一舉？這行得通的機率有多大？歡迎來到不一致派對！我們已知大腦不喜歡兩件事互相矛盾（這裡指的是願景和現實）。這種情況會發生在所有人身上，特別是當我們決定過著抵制恐懼和自我懷疑的生活時。因爲要活出價值觀驅動的生活，到頭來你還是必須習慣「安於不安」。當感覺不適時，大腦就會開始驚慌，並試著引導我們迴避。但別害怕，我們會利用行爲科學來幫助制定明確可行的計畫。透過這麼做，能將你的內在風景呈現於外部世界。

首先，必須將你的大膽願景分解成較小的步驟。爲什麼呢？因爲一舉而竟全功很可能會失敗。「羅馬不是一天造成的」也許聽來老套，但這道理同樣適用於你最棒的生活。讓我換個說法，想像你來到一個新城鎮，有點迷路。你向人問路，對方連珠炮似地咕噥著一長串聽不懂的話：

在日落大道的第二個路口右轉直到你看見鮑勃的披薩店然後左轉等你來到蘇西的家就左轉然後再往前開幾個街區看到「道路封閉」的標誌別理它只管右轉左邊的第一間房子就是了。

慢點！這是什麼鬼？如果你仰賴這些指示，很可能永遠也到不了自己的目的地。現在想像這段難以理解、沒有條理的文字是你大膽願景的方向指示，這能抵達那裡嗎？你的大腦會問：**蘇西是誰？幾個街區？要是道路真的封閉了怎麼辦？**這些全都非常合理的問題可能會阻止你展開這趟旅程，或是引導你走上一條與自己價值觀完全相反的道路——這可不是我們想要的！我們希望制定一份明確的計畫，描述**何時**、**何地**與**如何**抵達對自己最要緊的地方。

化價值觀為行動

這裡會採用近年來我見過最澈底創新的觀念架構，賽門．西奈克提出的「黃金圈理論」，將你的大膽願景轉化為明確計畫。西奈克是全球知名的演說家、作家，也是堅定不移的樂觀主義者。[21]他在《先問，為什麼？：顛覆慣性思考的黃金圈理論，啓動你的感召領導力》這部著作中運用同心圓的意象，描述激發行動的**為什麼**、**怎麼做**、**做什麼**背後的效用。[22]

雖然此書舉的多半是商業界的例子，但仍廣泛敘述了黃金圈理論在生活中許多不同層面的應用。我採用它建構許多工作、生活和雄心壯志。我其實還運用它安排本書的架構！本書從**爲什麼**起頭（因爲迴避糟透了！），接著每一篇（也就是**轉換觀點**、**接近**、**校準**）深入探討我們在這些層面**怎麼**迴避（迴避的3R：衝動反應、退卻、不作爲），然後是該**做什麼**來解決它（對策：科學！）。

因此，你可能不會訝異我運用同樣的架構幫助個案擬定計畫，實現他們的大膽願景。我發現擬定大膽計畫的步驟時，考慮以下四件事最有幫助：（一）它有無**吻合**（爲什麼）？（二）它夠**具體**嗎（做什麼）？（三）它**可執行**嗎（怎麼做）？（四）它**排定時程**了嗎（何時做）？問這些問題有助於你找到切實可行的步驟。這些步驟能幫助你制定與自己價值觀一致的計畫，據此引導你的生活，這麼一來就不會迷失方向（像我過去那樣），只注重成果（目標），卻不關心你起初爲什麼這樣做（價值觀）。

里卡多的和史蒂芬妮的價值觀運作中

讓我們重溫里卡多和史蒂芬妮的故事，感受一下大膽計畫長什麼樣子。里卡多的計畫實行起來很有挑戰性，因爲它們牽涉到他的孩子，這代表無論他打算採用什麼步驟，都需要在令人不安的離婚過程中得到他妻子的許可。里卡多表示，考慮到他們夫妻的關係如此緊繃，這事恐怕不可能成功。實際上，里卡多在這裡其實有點逃避。當我們進一步討論後發現，他曾有過和孩子在一起，而且確實能專注在陪伴上的經驗（**吻合的**）。雖然安排這樣的時刻很有挑戰性，但並不是絕無可能的事。爲了實現這一點，我們設法在他能控制的範圍內研究他能做什麼（**可執行的**），而他找到了一個很棒的解決方案。

他決定每週兩次在晚餐時間（**排定時程**）和孩子在一起的時候，有四十五分鐘不使用公務手機（**具體的**）。具體來說是每週二、四，他把這項安排確實寫進行事曆中（**精準吻合**）。爲了在不增加壓力的情況下執行這件事，他設定電子郵件會在這段時間自動回覆「不在辦公室」訊息，這樣就可以抑制自己想查看手機的欲望。這很重要，因爲你得確保自己切實可行的目標不會增添額外的壓力。

至於史蒂芬妮，我們努力尋找切實可行的的步驟，讓她能活出本來面貌。由於她最重視的價值觀（眞實性）是個廣泛的概念，她陷入不知如何提出**具體**行動

反思

擬定大膽計畫實現自己的大膽願景

現在輪到你擬定切實可行的步驟，將自己的價值觀轉化爲行動了。運用下列問題做爲引導：

1. **爲什麼：有無吻合你的價值觀？**

   在你的大膽願景中，什麼對你來說最重要？

   ____

   ____

   - 確認你的大膽願景中哪個價值觀對自己最重要，根據這個價值觀設計大膽計畫。

2. **做什麼：具體嗎？**

   你打算採取什麼行動實現自己的大膽願景呢？納入足夠的具體細節，讓你能實際設想它發生的情況並知道它被實現的確切時間。

   - 行動：______________________
   - 行動：______________________
   - 行動：______________________

3. **怎麼做：可執行嗎？**

是該擬定行動計畫了。執行這每一項行動需要些什麼？

- 行動：

- 行動：

- 行動：

4. **何時做：排定時程了嗎？**

攤開你的行事曆。你何時會完成上述步驟？

的困境。於是我請她試著從行為上定義這對自己來說是什麼樣子。她說，她覺得如果自己很真實，就不必**試圖**融入生活中的中國文化或美國文化。如果她很真實，就能以「她自己」這個身分現身並表達意見。不是她的中國自我或美國自我，就只是史蒂芬妮。

於是我進一步追問，她覺得自己的穿著是體現這種價值觀的一種方式。具體來說，她每天（**排定時程**）無論去哪裡，都只會穿一件（**具體的**）她認為代表自己的文化認同（**吻合的**）的衣服。因為史蒂芬妮花時間去設想對她來說真實是什麼模樣，所以她能擬定一份大膽計畫。我在很多人身上都用過這一招，你也可以試試。當你選擇某個行動，不妨自問：**這是我能在腦海中清楚看見的事物嗎？**

里卡多和史蒂芬妮兩人都能找出切實可行的步驟——雖然過程中遭遇了某些挑戰，但這是可預期的。我想強調的重點是，即使一開始沒有成功，也要繼續嘗試。我知道我通常得不只一次重新思考怎麼做，才能確保我為自己定出足夠明確的步驟。但是身為自己生命的建築師，你必須習慣時不時修訂自己的藍圖，才能過上想要的那種生活。

制定和修改我的大膽計畫

我爲自己擬定了兩項大膽計畫，分別與身心健康和影響力有關。爲了追求身心健康，我設定的目標是在迪亞哥起床之前，每天運動二十分鐘，每週五次，爲期一個月。

這是切實可行的步驟嗎？它符合我的身心健康價值觀嗎？我認爲答案是肯定的。但儘管我眞的很努力，第一週還是慘遭滑鐵盧。我已經有兩年沒運動，體重也比新冠疫情爆發前多了約十八公斤，結果我心有餘而力不足。不過失敗只是下次成功的養分，我並不灰心。

這是我經常在個案身上看見的狀況：擬定一份過去可能做得到的計畫，但放在當前現實中卻顯得要求太高（例如：疫後的我在擬定步驟時把自己當成疫前的我來思考）。因此，假如這是你第一次嘗試擬定切實可行的步驟，我建議你將原本擬定達成的事打對折。這裡的重點是讓自己爲成功做好準備，而不是讓自己陷入失敗。這是一項自定的練習，你不妨巧妙安排對自己有利的情境！比方說，如果要我對某人寫書提出建議，我可能會說：「起初一天寫一頁。確確實實的一頁。花十五分鐘或兩個小時都可以，但是當你寫完那一頁的最後一行就停止。今天的進度完成。**不必再多。**」這目標看似再簡單不過，卻能眞正長久持續下去。這項練習的重點就是持續性。

在嘗試失敗後，我重新思考，想出了更切實可行的步驟：在午餐之前，每天運動十分鐘，每週三次，爲期一週。這絕對更可行，我一定能堅持下去！我確實得費好大工夫才能每週三次，在午餐之前撥出十分鐘運動，很重要的一點是，**如果你的目標沒有出現在自己的行事曆上，它們就永遠不會實現！**這裡的訣竅是，仔細查看你的行事曆，把確實可行的步驟放在自己認爲最有可能成功的地方，然後放手去做。這個技巧確實有助於你確保目標得到充分**安排**。我知道這看似多此一舉，但我向你保證，如果不爲這些事情安排時間，生活**就會**出手阻撓你。

我還有另一招，是把它們想像成預約掛號求診。對於重要的預約求診，尤其當它可能攸關生死，有多少人會直接爽約不到診？我敢打賭很少人會這麼做。因此，透過跟自己預約掛號，你更有可能遵守約定。如果你發現自己就要錯過原本安排的時間，我勸你像對待看醫生這件事一樣，重新安排時間！在我的身心健康計畫裡，有一天我必須在晚間九點運動，因爲白天實在沒時間運動。我在午餐時間之前檢視了那天接下來的行程，接著把運動之約改到唯一的空檔：晚上九點。

當意識到雄心壯志不再能指引自己的工作表現時，我轉而將**影響力**當成自己的專業核心價值觀。具體來說，我想找出方法減少心理健康危機，進而以積極的方式影響這世界。爲了發揮影響力，我專注於擬定和創作本書有關的步驟。畢竟我寫這本書是因爲相信書中的科學知識和經驗有助於產生眞正的影響，不過要在出版社給的期限內交稿難度不小。由於我對出書這件事還很陌生，寫作的過程起起伏伏。我的大腦有時會陷入負面想法，讓自己無法動筆。我這才意識到創作這本書的實用性本身並不是目標。事實上，我直到寫到第 6 章才發現我的初稿很糟糕，我嚇壞了，覺得需要爲寫書這件事設定切實可行的步驟，鞭策自己朝截稿期限邁進。

我的計畫是每週三次，每次寫作三十分鐘，爲期三週。我經常不知不覺連續寫上兩小時，所以這個時間長度和天數肯定是有分寸且可實現的，但沒想到我還是遇上了麻煩。你猜得到是什麼嗎？因爲我無法想像這個景象！所以我又進一步思考，然後提出一份自己確實可以想像的計畫。

事實上，想成功，得把計畫調整成每週二、三、四的早上九點寫作（此時迪亞哥上學去了），每次三十分鐘，爲期三週。我把這份計畫寫進行事曆中。

儘管我擬出了這份計畫，卻不代表它很容易實踐。當然，這比完全沒有目標容易多了，可是堅持三週不跳票很難，我眞希望自己承諾的時間能更短。爲什麼我這樣說呢？因爲沒料到得去出差，這代表我必須在那一週進行大幅調整。

衰事會發生、價値觀會改變，但大膽會繼續下去

關於**校準**，我想強調兩個點。首先，世事難料，禍福無常！人都會遭遇突如其來的難題，但如何處理它們決定了我們能否成功。出差的那一週我調整了自己的寫作計畫，在旅途中早起寫作，確保自己的承諾能兌現。這很有挑戰性，而且並不是眞的「力所能及」。因此，假如在過程中遇到重大障礙（比如出公差、孩

子生病了、家人需要你的關注），請重新思考該怎麼做，查看你的價值觀，展望自己最終要去的地方，然後修訂計畫。

其次，有時我們的大膽計畫會失敗，是因爲外部情境迫使自己改變優先考慮的價值觀（畢竟價值觀確實會發生衝突）。其實在寫這本書的過程中，曾有兩週的時間我完全將這些步驟拋到九霄雲外，因爲我們全家都確診了。我跟你分享這一點，是希望你在著手安排這些計畫時能善待自己。沒錯，你必須自律，但也得實事求是。眞誠地面對自己，多多實踐這一點。沒有人會強迫你過更有意義的生活，所以你必須成爲自己的問責教練。（不過，如果你有朋友正經歷類似的過程，一個有責任感的搭檔會是很有幫助的資源。）

如今比較按照我的價值觀過生活並且上健身房的日子，和找藉口把跑鞋留在鞋櫃裡的日子，我對兩者的感受差異很明顯。簡單來說，一個令人身心舒暢，一個感覺很沒意思。我相信你可以猜到哪種方式會帶來哪種感覺。如果拿你的行動更符合自己價值觀的一天，對比整天沒做任何對你最要緊的事的一天，你感覺如何？我想你已經明白這爲什麼是必學的重要技能。這就是能心滿意足地上床睡覺和非常焦慮的區別，因爲日子一天天流逝，卻沒有任何有意義的事能提供讓生活值得過下去的那種滿足和韻味。當然，我無法向你打包票，保證學會這項技能是時時都能充分感受到美好的關鍵，但是我可以向你保證，如果花時間確實**校準**自己的價值觀和行動相符，你的人生旅程會比兩者不吻合時更有意義。

在結束本章之前，還有一個重要的注意事項要提醒你：價值觀可能會隨著我們的生活發生變化。事實上，由於生活**是**不斷變動的，你**應該預料到**自己的價值觀會在人生中的幾天、幾週、幾月、幾年之間發生變化。當自己逐步成長，所處情境改變時，我們可以決定優先考慮其他價值觀。畢竟價值觀並不比生活更爲靜態，依據某個時刻發生的情況，我們必須重新調整自己正在做的事，好讓它符合自己新的依歸方向。不妨把它想成是價值觀驅動的指南針維護。

如同我在二〇〇〇年第一堂瑜伽課學到的，重要的是旅程，而不是目的地。有了良好的指南針在手，就是爲旅程做好了準備。這趟旅程偶爾艱辛，偶爾怡人，有時無聊。但這是趟值得一走的旅程，因爲你有依歸方向指引自己走向滿足。這不只是物質世界的廉價滿足。我說的是能伴你入眠的滿足，它能讓你很興奮，急著想知道明天會發生什麼事。當生活遭遇傾盆大雨，而你偏離了原有航向，別洩氣，指南針仍舊在那裡。我從未見過有人總是筆直地朝著他們的依歸方向走——這是人所不能的事。

大膽前進就是每當你發現自己經歷重大困難或磨練，給自己時間暫停。當這種情況發生，確認你的迴避模式並使用適合處理它的技能克服它（殺了那頭龍！）。如果你的想法讓自己偏離正軌，來解圍的會是**轉換觀點**。如果衝動反應讓你失去最好的自己，透過相反行動**接近**將能重新校準你的旅程。當你做著一直在做的事，遵循別人的GPS，是該**校準**自己的價值觀了。前海豹部隊軍官、作家暨講師喬可・威林克喜歡在他的播客中這麼說：「當你偏離路徑，沒關係，回到那條路上就是了。」

沒有單一對策能永遠適用於每個人，因爲這些技能得符合你當前的迴避模式。經由練習，你能更快揪出自己的迴避行爲，拿出合適的解決技能，並採取行動——但這需要大量練習！在此只有一種失敗的可能，那就是什麼也不做。當迴避來敲門，請上前應門，辨認它，但不要尾隨它。相反的，質問它，揭穿它想讓

PART 5

結論

第12章

化爲水，不要成爲岩石

我時常在晚上念睡前故事給迪亞哥聽。我認爲有時間爲他說故事是種恩賜。可能有人無法認同讀一千次布萊德．梅爾策（Brad Meltzer）寫的《我是愛因斯坦》（*I am Albert Einstein*）是種恩賜，但我可以向你保證，對資源不足的家庭來說，這種奢侈的時間是非常稀有的。

記得小時候我媽總是工作到很晚。等她回到家，她會坐下來陪我們看一會兒電視，但她總是一邊看電視，一邊忙著處理家務，也許是縫補衣服，或者爲我們張羅第二天的餐點。在她必須起床，重新開始整個循環之前，總有事情需要她留意照料。賺錢養家不是件容易事，其中有部分的難處來自時間永遠不夠。她從來沒有足夠的時間享受悠閒的早晨，沒有足夠時間坐下來聊天，沒有足夠時間欣賞自己有多棒，居然能用這麼少的資源讓這個家正常運作。

我想世界各地有許多家庭都面臨同樣的困境，單單想放慢腳步、花時間念書給孩子聽，都是奢望。因此，我成長的過程中並沒有花很多時間在閱讀上。其實當我來到美國，得知有些孩子會在暑假期間大量閱讀時，這讓我很震驚。倒不是說我們的童年像恐怖節目，我們還是會在戶外玩耍、和朋友見面、一起去游泳，但是目光所及之處沒有書的蹤影，至少我家沒有。

這種情況在一九九五年我搬去跟外婆同住之後有了改變。外婆家裡有很多書，她經常閱讀，也喜歡聊她正在讀什麼。在將近三十年後回想起來，我覺得自己很幸運能有機會和她共度這些時光，因爲這是透過她的藏書了解這世界的絕佳良機。我記得很清楚，她要我讀的第一本書是保羅·科爾賀的《牧羊少年奇幻之旅》。儘管此書後來在世界各地廣受歡迎，但它對巴西人特別有影響力，至今依舊如此。她要我讀這本書，是因爲當時我正在煩惱未來的職業選擇：我該從事哪一行？我可以變成什麼樣的人？我在琢磨這些問題時，經常擔心家中當前和未來的財力。雖然我從未認爲自己「資源有限」，但現實是我知道我們家經濟拮据。這讓我很擔心，因此只敢在狹窄的範圍內作夢，不敢跨出外頭一步。

有天下午喝咖啡時，外婆強烈堅持我能成爲任何自己想成爲的人，做任何想做的事，眞正實現夢想。唯一的關鍵是，如果我有遠大夢想，讓它實現就是我的責任。這迷人的事實在我聽來像是信口胡說。

起初我把這種「瘋狂言論」歸因於她對水晶球和能量場這類事物的篤信。別誤會我的意思，多年來我一直珍惜她送給我的水晶球，儘管我內心的科學家不確定它們實際上擁有多大的威力，但仍舊保有它們。況且，我必須承認這些水晶球讓我感受到源源不絕的力量，因爲它們讓我想起外婆。總之，當她爲我描繪這樣光明美好的迪士尼景象，說我可以做任何自己夢想的事，我並沒有就此相信，我還記得自己跟她爭論那些限制一定會決定我的人生。

現在讓我們把焦點拉回《牧羊少年奇幻之旅》。她把這本書交給我說：「妳拿去讀。等妳看完，再跟我說妳是不是還這樣想。」當我寫這一章的時候，手邊就擺著我舊有的葡萄牙文版本。如果你還沒讀過此書，這個精采故事說的是傾聽你的心聲，跟隨你的夢想去追求自己來這世間要成就的個人傳奇。我知道這麼說聽起來很做作，但請相信我，我以哈佛科學家的身分告訴你，至今我仍舊想不通這本虛構小說是怎麼改變我的人生的。

在讀完並且和外婆討論過這本書之後，我經歷了人生中首次的**轉換觀點**。你從前文已經知道，我們看待世界的觀點是基於個人背景和歷史、從生活中學到的教訓，以及其他經歷。這種觀點一旦形成，我們就會竭盡所能地維護它。你可能還記得，大腦會透過堅信我們已知的事物（或我們**認為**自己已知）來降低認知失調，① 所以如果你在成長過程中被灌輸「這世界很嚴苛，我們擁有的很少，這就是我們最大的能耐了」，這會是你看待世界的方式，而且這種信念會引導你的許多行動。

所幸，科學顯示，大腦可以透過神經可塑性加以改變。② 透過正確類型的薰陶可以改變我們腦中的故事，而這正是《牧羊少年奇幻之旅》對我的作用。我外婆不懂認知行為療法，但是她的智慧告訴她，人生是可以改變的——為了實現這一點，人需要改變對自己說的話。她總是說，想法就像是腦海中一直播放的錄音帶，如果錄音帶不斷放送著「你不夠好」，你怎麼會想到自己還有別種可能呢？（我很清楚這一點，因為過去三十年來我一直努力改變自己腦中的想法。）

外婆要我讀《牧羊少年奇幻之旅》，因爲她知道這本書能幫助我從不同角度看待這世界。換句話說，它可以讓我的觀點從受限的世界觀（透過恆常處於經濟困難下養成的鏡片）**轉換**爲更加寬廣的遼闊世界觀。當我們學會改變腦海中不停放送的限制性訊息，夢想就能變成現實。數十年來的神經科學研究如今證實了外婆的民間智慧，無論她知不知道，她其實是幫助我訓練自己的大腦能更靈活變通。研究指出，靈活與改變思維的能力（一種稱爲**認知彈性**的技巧）與更強的韌性直接相關。③這很有道理，不是嗎？如果能改變看待自己和周遭世界的想法，就能輕易將這種技巧轉化成我們的優勢。如果每件事在某種程度上都是自訂的故事，那麼何不確保這些故事能幫助我們過得更愉快些呢？

我之所以寫這本書，是因爲三十年前有個熱情的讀者把自己最愛的那本書拿給她的外孫，此書教會這個孩子從完全不同的角度觀看自己的世界。書中最知名的金句（也是我的最愛之一）是：「當你眞心渴望某樣東西時，整個宇宙都會聯合起來幫助你完成。」每當在追夢的路上遇見阻礙，或是處於恐懼、焦慮、悲傷的時刻，我總會告訴自己這句話。就像是我建議你像跟好友交談般對自己說話，我也練習像外婆對我說話那樣跟自己交談。每當迴避來敲門，我總會透過腦中的錄放音機播放這句話。

眞正轉換我的觀點需要耗費許多年、閱讀許多書籍，以及掌握大量科學知識。但是對我來說，這一切都始自《牧羊少年奇幻之旅》。跟各位分享這一點，是因爲我對你手上的這本書最深的期望是，它可以幫助你擺脫焦慮、過勞、壓力、逆境、痛苦和迴避，走向更好、更符合自己內心渴望的生活，讓焦慮能轉化成力量。

我在本書中分享了許多自己的故事，關於我的大腦當機並告訴自己「我不夠好」，說我是隨時會被揭穿的冒牌貨。走筆至此，我不禁笑了出來，因爲假如我仔細觀看生活中的客觀數據，就知道這說法並不正確。因爲大腦始終是一台美妙但偶爾會出錯的預測機器，它不喜歡改變自己的原廠設定，④會經常回復到我們在兒時創建的舊有核心信念。

不過，活出勇敢大膽的生活並非過著沒有扭曲或負面想法的生活！而是需要投入時間，學習如何改變那些想法，並且一次又一次地**轉換觀點**，懷著同理心對自己說話，彷彿你就是自己最要好的朋友。有些人可能覺得這樣很做作又虛僞，可是爲什麼我們只能祝福別人呢？活出自己的大膽人生，代表承認你希望自己快樂的那份心意，跟你希望摯友或家人快樂一樣。

儘管**轉換觀點**非常管用，但它不是唯一的技能。人生實難，無比困難的挑戰確實會發生。但幸虧你還學會了另外兩種技能，可以讓這趟旅程變得輕鬆些，其中我比較鍾愛的技能是**接近**。

接近是經常被誤解的技能，因爲當發現自己陷入困境時，大多時候你已經試過無數的脫困法子。然而，**接近**這個技能是要鍛鍊大腦，教你透過相反行動，讓情緒腦冷靜下來，並且讓思考腦重新恢復運作。透過走近自己的不適並體會它，你開始慢慢能對抗眞正的敵人：迴避。[5] **接近**是源自辯證行爲療法和接受與承諾療法的一種超能力，也是最難實行的一種技能。從本質上來說，當你**接近**，就會感受到某種程度的不適。這就像是即使知道離開溫暖的被窩去沖冷水澡能讓自己一整天精力充沛，你還是得強迫自己才能進行這樣的晨間儀式。打個比方，雖然溫暖的被窩短時間感覺很舒服，但它是眞正的敵人。當屈服於它的誘惑時，你的生活會慢慢地愈縮愈小。

當外婆邀請青春期的我（其實是**強迫**我）與陌生人說話，她也是在教我**接近**。搬去大城市與她同住之後，大腦會對我高喊：「人群好可怕，快跑！」而我也照做了，盡一切所能地迴避人群與因此產生的不適感。可是外婆不讓我躲在家生悶氣，她要我去做跟自己想做的事正好相反的事：和陌生人交談（相反行動）。因此，就像你必須慢慢開始鍛鍊才能逐步建立能力與體力，你需要審慎選擇自己的**接近**活動，確保所做的是實際可行的事。儘管這個過程可能跟學習任何技能一樣緩慢，但是你得明白大腦是可以改變、也確實會改變的器官。透過練習，我們的恐懼和不適都會減少。

開始練習時，我建議你慢慢起步，這麼一來才能確認自己的迴避風格。此外，也要提醒自己，這件事急不來。如果你發現自己陷入困境，可能就需要向專業人員尋求額外的指導。儘管我認爲本書提供了許多活出勇敢人生的必要技能，但也知道有時你我需要去看心理健康專業人員。我時常認爲他們就像教練。如同世界級運動員有時需要教練幫忙精進某種技能，你或許發現自己也要找個人來輕輕推你一把，讓自己朝著正確方向走。

千萬別忘了談到**接近**時，勇敢指的是欣然接受「安於不安」的生活。我發現正是在這種張力下，才能找到生活的眞正喜悅。

最後，我們不能忘了自己的價值觀。我剛開始動筆撰寫此書時，老實說，我對自己過去逃避活出價值觀驅動的生活有多嚴重，根本毫無概念。我完全漠視自己內心的指南針，只一味遵循這世界規定我去走的路。我的盲目遵從不是任何人的錯，也沒有人強迫我用特定方式生活。可是當你的職業、文化和舒適圈占據了自己所有的注意力時，就會經常認爲成功只有一條路可走（無論你怎麼定義成功）。對我來說，成功意味著逼迫自己愈來愈努力追求某種模模糊糊的雄心壯志。多年來，這種成功的定義就我來說運作得很順利，可是到了某個時點它再也行不通，我的反應是迴避這個新的現實。我經常跟個案說，面對現實並不代表你必須**喜歡**現實。但不管面對現實有多痛苦，不理會現實就是另一種形式的迴避。

說也奇怪，我很慶幸過去兩年來在工作上遇到某些挑戰。要不是這些衝突敲響了警鐘，我也不會認眞思索自己的價值觀。如果審視痛苦的背後，並透過自問

「若要讓這個痛苦不存在，我必須不在乎我的哪個價值觀？」來質問痛苦時，你就能看見被妥協的價值觀是什麼。如同我告訴過你的，信任是我和人共事的必要條件，結果它卻是我的職業生活中被犧牲的價值觀。這正是導致失敗的關鍵。

當我尋找更符合價值觀驅動的生活時，開始更密切注意自己的歡喜時刻。當感覺最棒的時候，我正在做什麼？我跟誰在一起？什麼讓我進入了這種心流狀態？這些愉快時光的其中之一是和明星主播丹．哈里斯一起錄製談焦慮管理的課程。我在二〇二〇年三月去上哈里斯的播客時認識了他。那一集的主題是焦慮，如果你回頭查看那集的日期，就會發現它正好落在美國新冠肺炎疫情的開端。這天我們沒有人想到，世界會在短短幾天後就停止運作。

與丹共事很愉快。大約一年後，他邀我為他的應用程式《快樂，多10％就足夠》（*Ten Percent Happier*）錄製一門課程。和他的團隊一同開發這門課程的過程很棒，但我特別喜愛與丹一起合作。熟悉他訪談人物的觀眾都知道，他是很高明的採訪者，為他打造這門課程的過程是澈底的享受。最重要的是，我注意到在整個過程中自己是多麼地快樂。那感覺像是我毫不費力，但成果就十分出色（不是我在自誇）。心流狀態的體驗可以是幫助你找到自己真正價值觀的重要指標，因爲它只出現在你的行爲符合對自己眞的很要緊的事物時，這也就是爲什麼你在那段期間不會那麼緊張。其實，下次你脫離心流狀態後，不妨自問：**別管什麼緊張了。在這樣的時光，我還能察覺到我自己嗎？**

當我探究自己在工作上遇見的痛苦，對比於和丹一起工作的滿足，我意識到需要再做類似的事，這就是你手中的這本書。動手寫這本書是我職業生涯中最具變革性的一件事，因爲它讓我根據自己的價値觀大幅度地調整我的日常行動。雖然不確定世人會如何評價這本書，但我很自豪能將自己從窮人家小孩翻身上哈佛，再到獨立創業成爲作家的大膽旅程放進書中。當你**校準**生活來符合自己的價值觀時，恐懼必定會現身。但是勇敢大膽並不等於什麼都不怕。勇敢大膽是指：你過生活的動力全來自對自己最重要事物，無論那是什麼，而這麼做成了你能想像的一種最美好獎勵。

最後，我想用我外婆的另一項智慧爲本書收尾，因爲我認爲她充分掌握了活出大膽生活的訣竅。在有天下午喝咖啡閒聊時，我們討論到改變和多數人竭盡全力避免它的現象。外婆說，人面對改變有兩種反應方式。有些人會變得像岩石，卡在原地不想移動，努力保持原狀並痛苦地對抗著新事物。如果你屬於岩石派，你知道我在說什麼。即使處境艱難（就像我過去那樣），你還是會待在原本的工作崗位，因為你不想興風作浪。或者你處在一段走不下去的關係當中，但害怕走出去、從頭開始令人不自在的約會過程，讓你保持原狀。或是儘管有大量的相反證據，但你仍舊在意見分歧時堅持自己的觀點。後來我慢慢了解外婆說的「岩石」就是「迴避」的體現。最終，迴避的關鍵不在於我們做或不做什麼，而在於**為什麼**。如果你的為什麼能讓自己的情緒溫度快速下降，你可能就是在迴避。所以如果你想想反應「像岩石」的描述，就會發現基本上我外婆說的是，無論你是衝動反應、退卻或不作為，都是拒絕改變。

另一方面，外婆說面對改變，有些人的反應比較像水。發現路上有障礙，就會變得更有彈性，去適應你在路上遇見的任何事物。你可能選擇繞開岩石，鑽到岩石底下，或者爬過岩石，甚至透過你的行動去改變岩石的形狀。無論你選擇如何適應，水都會持續流動。畢竟，流動的水從來不是靜止的，而且還會一直變動。我外婆並不是要你在面對改變時歡呼雀躍，而是說用靈活變通和調適去面對改變，往往能有更好的結果。

所以你該怎麼做才能變成水，而不是岩石呢？第一步是辨識迴避。儘管它有時可能會鬼鬼祟祟的，但如果你自問，當你做 X 是否為了**立刻**感覺好過些，而答案是**沒錯**，那麼這其中很可能有某種程度的迴避存在。雖然所有人都會以不同方式逃避，但是你做某件事只為了**在當下**覺得好過些，這就是辨認迴避的關鍵。我敢跟你打包票，你一生中肯定偶爾會逃避。當這麼做時，你如何反應會決定接下來發生什麼事。但如同我繼父以前常說：人生的戰役，你不可能每戰必勝，你得輸掉幾場小戰役才能打贏整個戰爭。我想這句話其實是某個更有名的人先說的，但他是教我怎麼把這句話落實到生活中的那個人，所以我要把功勞歸於他。重點是，失敗有時是必要的。

最後提醒一聲：我們首先要**轉換觀點**，從新的角度觀看這世界。然後我們**接近**，走向不適並克服它。最後，我們**校準**每個行動符合自己的價值觀。透過反覆在各種處境下這麼做，這三種措施能讓我們即使處於生活中最富挑戰性的時刻，也能像水一般行動。

化爲水，而非岩石是活出大膽生活的另一種定義。如果觀察最了不起的歷史人物，比如金恩博士或愛迪生，你會發現這些人在使命和意志的驅策下，找出方法適應外界時局的變化，不斷繼續向前行。對他們來說，當其他地方發生變化時，他們是不可能選擇做顆岩石，卡在原地的。我們可以用歐普拉的話優雅地總結這種以水或岩石的方式面對大膽人生：**「當你懷著感激面對障礙，你的看法會開始轉變，抵抗失去了力量，恩典在你心中找到了家。」**

此刻，我們齊聚的時光即將結束。就我來說，「我夠好嗎？」這個問題依舊存在。當我拿這個問題問自己時，我從蜜雪兒・歐巴馬的回憶錄《成爲這樣的我》得到鼓舞。她在書中寫道：「我夠好嗎？我當然夠好！」因此，即便我的大腦不願這麼想，我仍要透過向自己聲明「我當然夠好！」結束這趟與你同行的旅程。至於你，親愛的讀者，從現在開始由你自己負責。我期望本書中的某些經驗能在未來的日子裡依舊陪伴你，在困厄來臨時帶來指引，讓你集中心力。

容我冒昧最後提供你幾句金石之言。第一：人生實難，挑戰眞切。我眞希望我能說，親愛的讀者，你會是人類史上第一個能避開重重難關的幸運兒。可惜就像太陽會升起那樣確定，麻煩這個老先生總是有法子能找上我們。但我會對這種情況說，讚啦。艱困時刻塑造我們，而且可以利用它們發揮自己的優勢。迴避才是真正的敵人，請務必密切注意它的出現。最後，遵循我睿智的外婆說的話：「化為水，不要成為岩石」，展現你的大膽無畏。流過你面對的障礙，永遠不要停止朝向你的價值觀邁進。如果心生疑問，你的價值觀永遠不會讓你失望。我想謝謝你和我同行，祝你有個大膽、精采的人生。努力實現它吧！

致謝

我兒子迪亞哥每天早晨起床後都會跑來我的辦公室。我可以聽見他趕著迎接這一天，快步跑過地板的腳步聲。他跳進我的臂彎，給我一個大大的擁抱，接著在我的辦公室開始「工作」。迪亞哥今年五歲，剛在夏令營學會操作滑鼠，他想在每天早上使用它，變成更有效率的寫作者。是的，你沒看錯，迪亞哥告訴我，他也在寫自己的書。今天的章節叫做「我媽媽愛我」。因爲清晨三點我就起床校訂本書，到了七點我覺得（非常）疲憊，有些暴躁易怒，思緒也不大連貫。這證明人類確實需要睡眠！#科學！但是當我的小寶貝用手臂環抱我，看見他臉上因一天就此展開而興奮的表情，我所有的不舒服就一掃而空。這些和迪亞哥的晨間互動是我能與你分享的最棒的感謝。就好像迪亞哥知道我需要分一點他的歡欣，讓我能**接近**寫書帶來的不適。我很感謝他的愛與支持，如同我在這裡想謝謝你們，各位讀者，我希望你們知道要是我現在就在你們身旁，我會給你們一個「迪亞哥擁抱」，確保你們在面對考驗的時刻也能擁有所需的支持。

家庭方面：我人生中的每一件好事都得歸功於我先生大衛陪在我身旁、抱著我、讓我放心、爲我拭去眼淚。大衛，你是我的避風港。我知道你也爲這本書出了很多力，怎麼謝你都不足夠。Dieguito：你的擁抱、愛，還有非常戲劇化的崩潰是全世界最棒的（而且爲這本書提供了很多靈感）。你使我每天都成爲更好的人。媽媽：儘管我們對人生的描述有別，但對彼此的愛從未改變。謝謝妳一直站在我這邊，給予我成爲我自己所需的工具。Juliana：妳經歷「地獄」時的不屈不撓鼓舞了我！妳是個力量強大的狠角色！Donna Maria Helena，我稱爲外婆的這名女性：我眞希望妳能讀到本書的葡萄牙文版。我們一起度過的那些年澈底改變了我的人生旅程。爲了感念妳的恩澤，我會繼續協助那些家境貧寒的人翻身。至於在這本書背後支持我的其他親戚，你們的愛幫助我度過難關。謝謝你們，Familia Elias和Familia Zepeda。當然還要感謝我的繼父Luiz Fernando Esteves Martins，你對我來說比任何父親都更像父親。從你和我媽媽交往開始，你就一直支持我，這份關心在你們分手後甚至有增無減。這些年來，你總是像個眞正的父親站在我這邊，對此我眞的滿懷感謝。

人生旅程方面：儘管本書不是回憶錄，但寫作時的那種感覺正是我想像作家在自己的回憶錄結尾會感受到的：一種從快十公里的高空俯瞰自己生命軌跡的感覺。從這角度來看，如果不向旅程中曾支持我的關鍵人物表達感謝，那就是我的疏忽。在瓦拉達里斯州長市曾支持我們一家度過難關的所有人，我很感謝你們每一位。我親愛的朋友對我的成長發展也至關重要，你們知道我說的是誰，我心裡一直有你們！

出書方面：雖然本書是我多年的研究、臨床工作、社區工作和我自己生活經歷的結晶，但如果沒有我親愛的朋友，也是好同事 Anna Bartuska 說服我，它根本不可能成眞。Anna，好感謝妳在我身上看見我自己看不見的事，謝謝妳推著我去**接近**。我很感激我們能一起做出這本書，我等不及想看看妳令人驚喜的旅程會去到什麼地方，我必定會在那裡支持妳的每一步！Greg White：定時炸彈、鬣蜥，諸如此類——你讓我的作品變得人人可理解的功力眞不是蓋的。希望我寫的每一本書都能有你相伴（《大膽行動2：無畏變局》《大膽行動3：更加大膽，更多行動者》）。**Chris West**：你爲本書帶來的清晰敘事非常寶貴。你幫助我釐清這項計畫的樣貌，並引導我邁向我自己的大膽行動——謝謝你！**Dan Harris**：謝謝你在撰寫這本書上推了我一把。我知道那只是一句鼓勵，可是你爲我開啓機會之門，還友善慷慨地一路支持我。**Mel Flashman**：我能說什麼呢？妳是我夢寐以求的作家經紀人。謝謝妳讓我朝著夢想前進。

HarperCollins：感謝出版團隊的每一位，尤其是Elizabeth (Biz) Mitchell和**Ghjulia Romiti**。謝謝你們對《大膽行動》有信心，提供無數回饋意見並全力支持我。你們的編輯支援是本書能達到最佳狀態的關鍵。

專業方面：首先，我永遠感謝那些將自己託付給我照顧的個案。你們教會我這世界的一切，遠比自己想像多得多。在我們一起努力期間，你們的脆弱和信任讓我感到汗顏。其次，雖然我在麻省總醫院／哈佛醫學院的學術生涯中面臨過許多挑戰，但對我來說非常重要的是，我想感謝在這過程中支持我、爲我加油、讓我發展出完整的「拉丁裔自我」，以及珍惜我的大膽的所有人，即使是在我自己沒看見的時候。我要謝謝你們每一位。Derri Shtasel：過去十三年來，妳一直是我在專業上和私人生活的依歸方向。我和妳一同哭泣，也一起歡笑，在我身爲專業人士和一個人的發展歷程中，妳一直是我的精神支柱，讓我總是做自己。我好愛好愛妳，妳的好意我感激不盡。Maurizio Fava：身爲我們的主管，你一直讓我好驚奇。每一回我在科裡遇到自己的岔路口，只要有需要，你總是居中斡旋，力求公平和平等。我想謝謝你在我寫書期間的支持，也要感謝你鼓勵我別壓抑，爲自己發聲。Guardia Banister：當妳出現在我生命中，那眞是天大的祝福。妳問過我最棒的一件事情是：「妳成爲最好的自己了嗎？」還沒有，而妳無法接受那個答案。我很開心妳爲我創造了空間，讓我的自我變得完整。我也要感謝麻省總醫院研究學人計畫（MGH Research Scholars program）近來大量資助我訓練認知行爲療法的輔助性專業人員，尤其是拉普波特基金會（Rappaport Foundation）慷慨資助我的麻省總醫院研究學人計畫。你們的大方支援確保數百名青年能透過我們的訓練計畫得到關懷。我也想感謝 Barbara Dalio（芭芭拉・達利歐夫人）和 CTOP 團隊支持我在康乃狄克州的工作，將這許多技能帶到以內城區青年爲工

參考文獻

前言

1 J. J. Gross, "Emotion Regulation: Current Status and Future Prospects," *Psychological Inquiry* 26, no. 1 (2015): 1–26.

2 J. S. Beck, *Cognitive Behavior Therapy: Basics and Beyond* (New York: Guilford Publications, 2020); S. G. Hofmann, A. Asnaani, I. J. Vonk, A. T. Sawyer, and A. Fang, "The Efficacy of Cognitive Behavioral Therapy: A Review of Meta-analyses," *Cognitive Therapy and Research* 36, no. 5 (2012): 427–40; and D. David, I. Cristea, and S. G. Hofmann, "Why Cognitive Behavioral Therapy Is the Current Gold Standard of Psychotherapy," *Frontiers in Psychiatry* 4 (2018).

第 1 章

1 J. D. Power, A. L. Cohen, S. M. Nelson, G. S. Wig, K. A. Barnes, J. A. Church, A. C. Vogel, T. O. Laumann, F. M. Miezin, B. L. Schlaggar, and S. E. Petersen, "Functional Network Organization of the Human Brain," *Neuron* 72, no. 4 (2011): 665–78, https://doi.org/10.1016/j.neuron.2011.09.006.

2 J. B. Hutchinson and L. F. Barrett, "The Power of Predictions: An Emerging Paradigm for Psychological Research," *Current Directions in Psychological Science* 28, no. 3 (2019): 280–91, https://doi.org/10.1177/0963721419831992.

3 K. N. Ochsner and J. J. Gross, "The Neural Bases of Emotion and Emotion Regulation: A Valuation Perspective," in *Handbook of Emotion Regulation*, 2nd ed., ed. J. J. Gross (New York: Guilford Press, 2014).

4 最新的研究已經發現與情緒處理相關的複雜神經網絡。然而，杏仁核仍舊是情緒處理、表達和調節過程中被啟動的核心腦區之一。詳見 K. A. Lindquist, T. D. Wager, H. Kober, E. Bliss-Moreau, and L. F. Barrett, "The Brain Basis of

Emotion: A Meta-analytic Review," *The Behavioral and Brain Sciences* 35, no. 3 (2012): 121–43, https://doi.org/10.1017/S0140525X11000446.

5 N. P. Friedman and T. W. Robbins, "The Role of Prefrontal Cortex in Cognitive Control and Executive Function," *Neuropsychopharmacology* 47, no. 1 (2022): 72–89; and A. R. Hariri, "The Corticolimbic Circuit for Recognition and Reaction," in *Looking Inside the Disordered Brain: An Introduction to the Functional Neuroanatomy of Psychopathology* (Sunderland, MA: Sinauer Associates, 2015).

6 S. Bishop, J. Duncan, M. Brett, and A. D. Lawrence, "Prefrontal Cortical Function and Anxiety: Controlling Attention to Threat-Related Stimuli," *Nature Neuroscience* 7, no. 2 (2004): 184–88, https://doi.org/10.1038/nn1173; and S. J. Bishop, J. Duncan, and A. D. Lawrence, "State Anxiety Modulation of the Amygdala Response to Unattended Threat-Related Stimuli," *The Journal of Neuroscience: The Official Journal of the Society for Neuroscience* 24, no. 46 (2004): 10364–68, https://doi.org/10.1523/JNEUROSCI.2550-04.2004.

第 2 章

1 David, Cristea, and Hofmann, "Why Cognitive Behavioral Therapy."

2 Hofmann et al., "The Efficacy of Cognitive Behavioral Therapy."

3 S. Joyce, F. Shand, J. Tighe, S. J. Laurent, R. A. Bryant, and S. B. Harvey, "Road to Resilience: A Systematic Review and Meta-analysis of Resilience Training Programmes and Interventions," BMJ Open 8, no. 6 (2018): e017858.

4 M. M. Linehan, *Cognitive-Behavioral Treatment of Borderline Personality Disorder* (New York: Guilford Publications, 2018).

5 S. C. Hayes, K. D. Strosahl, and K. G. Wilson, *Acceptance and Commitment Therapy* (Washington, DC: American Psychological Association, 2009).

6 A. T. Beck and M. Weishaar, "Cognitive Therapy," in *Comprehensive Handbook of Cognitive Therapy*, ed. A. Freeman et al. (New York: Springer, 1989), 21–36.

7 P. A. Resick, C. M. Monson, and K. M. Chard, *Cognitive Processing Therapy for PTSD: A Comprehensive Manual* (New York: Guilford Publications, 2016).

8 Beck, *Cognitive Behavior Therapy*.

9 L. Marques, N. J. LeBlanc, A. D. Bartuska, D. Kaysen, and S. Jeong Youn,

"TEB Skills: Empower Youth and Build Resilient Communities Through Skills That Impact Thoughts, Emotions, and Behaviors," 2020, https://www.flipsnack.com/655ADEDD75E/teb-skills/full-view.html.

10 H. T. Ghashghaei, C. C. Hilgetag, and H. Barbas, "Sequence of Information Processing for Emotions Based on the Anatomic Dialogue Between Prefrontal Cortex and Amygdala," *Neuroimage* 34, no. 3 (2007): 905–23; and J. C. Motzkin, C. L. Philippi, R. C. Wolf, M. K. Baskaya, and M. Koenigs, "Ventromedial Prefrontal Cortex Is Critical for the Regulation of Amygdala Activity in Humans," *Biological Psychiatry* 77, no. 3 (2007): 276–84.

11 K. N. Ochsner, K. Knierim, D. H. Ludlow, J. Hanelin, T. Ramachandran, G. Glover, and S. C. Mackey, "Reflecting upon Feelings: An fMRI Study of Neural Systems Supporting the Attribution of Emotion to Self and Other," *Journal of Cognitive Neuroscience* 16, no. 10 (2004): 1746–72.

第3章

1 M. Leonhardt, "60% of Women Say They've Never Negotiated Their Salary—and Many Quit Their Job Instead," *Make It*, January 31, 2020, https://www.cnbc.com/2020/01/31/women-more-likely-to-change-jobs-to-get-pay-increase.html.

2 B. Artz, A. Goodall, and A. J. Oswald, "Women Ask for Raises as Often as Men, but Are Less Likely to Get Them," *Harvard Business Review*, June 25, 2018, https://hbr.org/2018/06/research-women-ask-for-raises-as-often-as-men-but-are-less-likely-to-get-them.

3 K. G. Kugler, J. A. Reif, T. Kaschner, and F. C. Brodbeck, "Gender Differences in the Initiation of Negotiations: A Meta-analysis," *Psychological Bulletin* 144, no. 2 (2018): 198, https://doi.org/10.1037/bul0000135.

4 A. Barroso and A. Brown, "Gender Pay Gap in US Held Steady in 2020," Pew Research Center, May 25, 2021, https://www.pewresearch.org/fact-tank/2021/05/25/gender-pay-gap-facts.

5 Kugler et al., "Gender Differences in the Initiation of Negotiations"; and R. Kochhar, "Women's Lead in Skills and Education Is Helping Narrow the Gender Wage Gap," Pew Research Center, January 30, 2020, https://www.pew research.org/

social-trends/2020/01/30/womens-lead-in-skills-and-education-is-helping-narrow-the-gender-wage-gap.
6 D. M. Wegner, D. J. Schneider, S. R. Carter, and T. L. White, "Paradoxical Effects of Thought Suppression," *Journal of Personality and Social Psychology* 53, no. 1 (1987): 5.
7 L. P. Riso, P. L. du Toit, D. J. Stein, and J. E. Young, *Cognitive Schemas and Core Beliefs in Psychological Problems: A Scientist-Practitioner Guide* (Washington, DC: American Psychological Association, 2007), xi–240.

第 4 章

1 J. B. Hutchinson and L. F. Barrett, "The Power of Predictions: An Emerging Paradigm for Psychological Research," *Current Directions in Psychological Science* 28, no. 3 (2019): 280–91, https://doi.org/10.1177/0963721419831992.
2 R. Axelrod, "Schema Theory: An Information Processing Model of Perception and Cognition," *American Political Science Review* 67, no. 4 (1973): 1248–66.
3 E. Harmon-Jones and J. Mills, "An Introduction to Cognitive Dissonance Theory and an Overview of Current Perspectives on the Theory," in *Cognitive Dissonance: Reexamining a Pivotal Theory in Psychology*, ed. E. Harmon-Jones (Washington, DC: American Psychological Association, 2019), https://doi.org/10.1037/0000135-001.
4 M. E. Oswald and S. Grosjean, "Confirmation Bias," *Cognitive Illusions: A Handbook on Fallacies and Biases in Thinking, Judgement and Memory* (August 2004): 79, 83.
5 A. Kappes, A. H. Harvey, T. Lohrenz, P. R. Montague, and T. Sharot, "Confirmation Bias in the Utilization of Others' Opinion Strength," *Nature Neuroscience* 23, no. 1 (2020): 130–37.
6 K. Friston, "The Free-Energy Principle: A Unified Brain Theory?," *Nature Reviews Neuroscience* 11, no. 2 (2010): 127–38, https://doi.org/10.1038/nrn2787; and K. Friston, T. FitzGerald, F. Rigoli, P. Schwartenbeck, and G. Pezzulo, "Active Inference: A Process Theory," *Neural Computation* 29, no. 1 (2017): 1–49, https://doi.org/10.1162/NECO_a_00912.

7 J. T. Kaplan, S. I. Gimbel, and S. Harris, "Neural Correlates of Maintaining One's Political Beliefs in the Face of Counterevidence," *Scientific Reports* 6, no. 1 (2016): 1–11.

8 R. F. West, R. J. Meserve, and K. E. Stanovich, "Cognitive Sophistication Does Not Attenuate the Bias Blind Spot," *Journal of Personality and Social Psychology* 103, no. 3 (2012): 506–19, https://doi.org/10.1037/a0028857.

9 A. Grant, *Think Again: The Power of Knowing What You Don't Know*(New York: Penguin, 2021).

第 5 章

1 D. A. Clark, "Cognitive Restructuring," in *The Wiley Handbook of Cognitive Behavioral Therapy*, ed. D. J. A. Dozois, J. A. J. Smits, S. G. Hofmann, and W. Rief (Hoboken, NJ: Wiley, 2013), 1–22.

2 A. T. Beck, "The Current State of Cognitive Therapy: A 40-Year Retrospective," *Archives of General Psychiatry* 62, no. 9 (2005): 953–59.

3 D. D. van Bergen, B. D. Wilson, S. T. Russell, A. G. Gordon, and E. D. Rothblum, "Parental Responses to Coming Out by Lesbian, Gay, Bisexual, Queer, Pansexual, or Two-Spirited People Across Three Age Cohorts," *Journal of Marriage and Family* 83, no. 4 (2021): 1116–33.

4 W. S. Ryan, N. Legate, and N. Weinstein, "Coming Out as Lesbian, Gay, or Bisexual: The Lasting Impact of Initial Disclosure Experiences," *Self and Identity* 14, no. 5 (2015): 549–69.

5 C. Johnco, V. M. Wuthrich, and R. M. Rapee, "The Role of Cognitive Flexibility in Cognitive Restructuring Skill Acquisition Among Older Adults," *Journal of Anxiety Disorders* 27, no. 6 (2013): 576–84.

6 D. R. Dajani and L. Q. Uddin, "Demystifying Cognitive Flexibility: Implications for Clinical and Developmental Neuroscience," *Trends in Neurosciences* 38, no. 9 (2015): 571–78, https://doi.org/10.1016/j.tins.2015.07.003.

7 P. Colé, L. G. Duncan, and A. Blaye, "Cognitive Flexibility Predicts Early Reading Skills," *Frontiers in Psychology* 5 (2014): 565.

8 J. J. Genet and M. Siemer, "Flexible Control in Processing Affective and Non-

affective Material Predicts Individual Differences in Trait Resilience," *Cognition and Emotion* 25, no. 2 (2011): 380–88.

9 W. L. Lin, P. H. Tsai, H. Y. Lin, and H. C. Chen, "How Does Emotion Influence Different Creative Performances? The Mediating Role of Cognitive Flexibility," *Cognition & Emotion* 28, no. 5 (2014): 834–44.

10 J. C. Davis, C. A. Marra, M. Najafzadeh, and T. Liu-Ambrose, "The Independent Contribution of Executive Functions to Health Related Quality of Life in Older Women," *BMC Geriatrics* 10, no. 1 (2010): 1–8.

第 6 章

1 J. Perry, "Structured Procrastination," essay, accessed October 19, 2022, structuredprocrastination.com.

2 J. Suls, R. Martin, and L. Wheeler, "Social Comparison: Why, with Whom, and with What Effect?," *Current Directions in Psychological Science* 11, no. 5 (2002): 159–63.

3 A. Robinson, A. Bonnette, K. Howard, N. Ceballos, S. Dailey, Y. Lu, and T. Grimes, "Social Comparisons, Social Media Addiction, and Social Interaction: An Examination of Specific Social Media Behaviors Related to Major Depressive Disorder in a Millennial Population," *Journal of Applied Biobehavioral Research* 24, no. 1 (2019): e12158.

4 C. G. Escobar-Viera, A. Shensa, N. D. Bowman, J. E. Sidani, J. Knight, A. E. James, and B. A. Primack, "Passive and Active Social Media Use and Depressive Symptoms Among United States Adults," *Cyberpsychology, Behavior, and Social Networking* 21, no. 7 (2018): 437–43; and K. Burnell, M. J. George, J. W. Vollet, S. E. Ehrenreich, and M. K. Underwood, "Passive Social Networking Site Use and Well-Being: The Mediating Roles of Social Comparison and the Fear of Missing Out," *Cyberpsychology: Journal of Psychosocial Research on Cyberspace* 13, no. 3 (2019).

5 G. Holland and M. Tiggemann, "A Systematic Review of the Impact of the Use of Social Networking Sites on Body Image and Disordered Eating Outcomes," *Body Image* 17 (2016): 100–110.

6 C. L. Booker, Y. J. Kelly, and A. Sacker, "Gender Differences in the Associations Between Age Trends of Social Media Interaction and Well-Being Among 10–15 Year Olds in the UK," *BMC Public Health* 18, no. 1 (2018): 1–12.

7 J. Kang and L. Wei, "Let Me Be at My Funniest: Instagram Users' Motivations for Using Finsta (aka, Fake Instagram)," *The Social Science Journal* 57, no. 1 (2020): 58–71.

8 L. Silver, "Smartphone Ownership Is Growing Rapidly Around the World, but Not Always Equally," Pew Research Center, February 5, 2019, https://www.pewresearch.org/global/2019/02/05/smartphone-ownership-is-growing-rapidly-around-the-world-but-not-always-equally.

9 J. Turner, "Are There Really More Mobile Phone Owners than Toothbrush Owners?," LinkedIn, April 10, 2016, https://www.linkedin.com/pulse/really-more-mobile-phone-owners-than-toothbrush-jamie-turner.

10 J. D. Elhai, R. D. Dvorak, J. C. Levine, and B. J. Hall, "Problematic Smartphone Use: A Conceptual Overview and Systematic Review of Relations with Anxiety and Depression Psychopathology," *Journal of Affective Disorders* 207 (2017): 251–59.

11 E. D. Hooker, B. Campos, and S. D. Pressman, "It Just Takes a Text: Partner Text Messages Can Reduce Cardiovascular Responses to Stress in Females," *Computers in Human Behavior* 84 (2018): 485–92.

12 L. Faul, D. Stjepanovi , J. M. Stivers, G. W. Stewart, J. L. Graner, R. A. Morey, and K. S. LaBar, "Proximal Threats Promote Enhanced Acquisition and Persistence of Reactive Fear-Learning Circuits," *Proceedings of the National Academy of Sciences* 117, no. 28 (2020): 16678–89.

13 J. Booth, J. L. Ireland, S. Mann, M. Eslea, and L. Holyoak, "Anger Expression and Suppression at Work: Causes, Characteristics and Predictors," *International Journal of Conflict Management* 28, no. 3 (2017): 368–82.

14 D. Abadi, I. Arnaldo, and A. Fischer, "Anxious and Angry: Emotional Responses to the COVID-19 Threat," *Frontiers in Psychology* (2021): 3516.

15 N. G. Bayrak, S. Uzun, and N. Kulakaç, "The Relationship Between Anxiety Levels and Anger Expression Styles of Nurses During COVID-19 Pandemic," *Perspectives in Psychiatric* Care 57, no. 4 (2021): 1829–37.

第 7 章

1 S. J. Blakemore, "Imaging Brain Development: The Adolescent Brain," *Neuroimage* 61, no. 2 (2021): 397–406.

2 B. J. Casey, A. S. Heller, D. G. Gee, and A. O. Cohen, "Development of the Emotional Brain," *Neuroscience Letters* 693 (2019): 29–34, https://doi.org/10.1016/j.neulet.2017.11.055.

3 A. O. Cohen, K. Breiner, L. Steinberg, R. J. Bonnie, E. S. Scott, K. Taylor-Thompson, and B. K. Casey, "When Is an Adolescent an Adult? Assessing Cognitive Control in Emotional and Nonemotional Contexts," *Psychological Science* 27, no. 4 (2016): 549–62.

4 J. M. Cisler, B. O. Olatunji, M. T. Feldner, and J. P. Forsyth, "Emotion Regulation and the Anxiety Disorders: An Integrative Review," *Journal of Psychopathology and Behavioral Assessment* 32, no. 1 (2010): 68–82, https:// doi.org/10.1007/s10862-009-9161-1.

5 A. S. Morris, M. M. Criss, J. S. Silk, and B. J. Houltberg, "The Impact of Parenting on Emotion Regulation During Childhood and Adolescence," *Child Development Perspectives* 11, no. 4 (2017): 233–38.

6 S. E. Crowell, M. E. Puzia, and M. Yaptangco, "The Ontogeny of Chronic Distress: Emotion Dysregulation Across the Life Span and Its Implications for Psychological and Physical Health," *Current Opinion in Psychology* 3 (2015): 91–99; and F. Tani, D. Pascuzzi, and R. Raffagnino, "Emotion Regulation and Quality of Close Relationship: The Effects of Emotion Dysregulation Processes on Couple Intimacy," *BPA: Applied Psychology Bulletin (Bollettino di Psicologia Applicata)* 272, no. 63 (2015): 3–15.

7 A. Smyth, M. O'Donnell, G. J. Hankey, S. Rangarajan, P. Lopez-Jaramillo, D. Xavier, H. Zhang, M. Canavan, A. Damasceno, P. Langhorne, A. Avezum, N. Pogosova, A. Oguz, S. Yusuf, and INTERSTROKE Investigators, "Anger or Emotional Upset and Heavy Physical Exertion as Triggers of Stroke: The INTERSTROKE Study," *European Heart Journal* 43, no. 3 (2022): 202–9.

8 Smyth et al., "Anger or Emotional Upset."

9 M. A. Gruhn and B. E. Compas, "Effects of Maltreatment on Coping and Emotion Regulation in Childhood and Adolescence: A Meta-analytic Review," *Child Abuse*

& Neglect 103 (2020): 104446.
10 K. A. McLaughlin, M. Peverill, A. L. Gold, S. Alves, and M. A. Sheridan, "Child Maltreatment and Neural Systems Underlying Emotion Regulation," *Journal of the American Academy of Child & Adolescent Psychiatry* 54, no. 9 (2015): 753–62.
11 V. J. Felitti, R. F. Anda, D. Nordenberg, D. F. Williamson, A. M. Spitz, V. Edwards, and J. S. Marks, "Relationship of Childhood Abuse and Household Dysfunction to Many of the Leading Causes of Death in Adults: The Adverse Childhood Experiences (ACE) Study," *American Journal of Preventive Medicine* 14, no. 4 (1998): 245–58.
12 "Fast Facts: Preventing Adverse Childhood Experiences," Centers for Disease Control and Prevention, last reviewed April 6, 2022, https://www.cdc.gov/violenceprevention/aces/fastfact.html.
13 "Adverse Childhood Experiences Resources," Centers for Disease Control and Prevention, last reviewed April 6, 2022, https://www.cdc.gov/violenceprevention/aces/resources.html.
14 S. R. Dube, V. J. Felitti, M. Dong, D. P. Chapman, W. H. Giles, and R. F. Anda, "Childhood Abuse, Neglect, and Household Dysfunction and the Risk of Illicit Drug Use: The Adverse Childhood Experiences Study," *Pediatrics* 111, no. 3 (2003): 564–72.
15 K. Hughes, M. A. Bellis, K. A. Hardcastle, D. Sethi, A. Butchart, C. Mikton, L. Jones, and M. P. Dunne, "The Effect of Multiple Adverse Childhood Experiences on Health: A Systematic Review and Meta-analysis," *The Lancet* 2 (2017): e356–66.
16 J. I. Herzog and C. Schmahl, "Adverse Childhood Experiences and the Consequences on Neurobiological, Psychosocial, and Somatic Conditions Across the Lifespan," *Frontiers in Psychiatry* 9 (2018): 420.
17 D. MacManus, R. Rona, H. Dickson, G. Somaini, N. Fear, and S. Wessely, "Aggressive and Violent Behavior Among Military Personnel Deployed to Iraq and Afghanistan: Prevalence and Link with Deployment and Combat Exposure," *Epidemiologic Reviews* 37, no. 1 (2015): 196–212.
18 Faul et al., "Proximal Threats."
19 J. Meloury and T. Signal, "When the Plate Is Full: Aggression Among Chefs," *International Journal of Hospitality Management* 41 (2014): 97–103.
20 C. Sandi and J. Haller, "Stress and the Social Brain: Behavioural Effects and

Neurobiological Mechanisms," *Nature Reviews Neuroscience* 16, no. 5 (2015): 290–304.
21 L. J. Siever, "Neurobiology of Aggression and Violence," *American Journal of Psychiatry* 165, no. 4 (2008): 429–42.
22 Faul et al., "Proximal Threats."
23 R. F. Baumeister and M. R. Leary, "The Need to Belong: Desire for Interpersonal Attachments as a Fundamental Human Motivation," *Psychological Bulletin* 117, no. 3 (1995): 497–529.
24 G. M. Slavich, "Social Safety Theory: A Biologically Based Evolutionary Perspective on Life Stress, Health, and Behavior," *Annual Review of Clinical Psychology* 16 (2020): 265–95, https://doi.org/10.1146/annurev-clinpsy-032816-045159.
25 T. F. Stillman and R. F. Baumeister, "Uncertainty, Belongingness, and Four Needs for Meaning," *Psychological Inquiry* 20, no. 4 (2009): 249–51.
26 R. F. Baumeister, C. N. DeWall, N. J. Ciarocco, and J. M. Twenge, "Social Exclusion Impairs Self-Regulation," *Journal of Personality and Social Psychology* 88, no. 4 (2005): 589–604, https://doi.org/10.1037/0022-3514.88.4.589.
27 F. M. Begen and J. M. Turner-Cobb, "Benefits of Belonging: Experimental Manipulation of Social Inclusion to Enhance Psychological and Physiological Health Parameters," *Psychology & Health* 30, no. 5 (2015): 568–82; R. Renn, D. Allen, and T. Huning, "The Relationship of Social Exclusion at Work with Self-Defeating Behavior and Turnover," *Journal of Social Psychology* 153, no. 2 (2013): 229–49; and L. W. Hayman Jr., R. B. McIntyre, and A. Abbey, "The Bad Taste of Social Ostracism: The Effects of Exclusion on the Eating Behaviors of African-American Women," *Psychology & Health* 30, no. 5 (2015): 518–33.
28 J. Field and R. Pond, "How Adoption Affects the Experience of Adult Intimate Relationships and Parenthood: A Systematic Review," *New Zealand Journal of Counselling* 38, no. 2 (2018); and J. A. Feeney, N. L. Passmore, and C. C. Peterson, "Adoption, Attachment, and Relationship Concerns: A Study of Adult Adoptees," *Personal Relationships* 14, no. 1 (2018): 129–47.
29 K. Beesdo-Baum, E. Jenjahn, M. Höfler, U. Lueken, E. S. Becker, and J. Hoyer, "Avoidance, Safety Behavior, and Reassurance Seeking in Generalized Anxiety Disorder," *Depression and Anxiety* 29, no. 11 (2012): 948–57.

30 P. R. Shaver, D. A. Schachner, M. Mikulincer, "Attachment Style, Excessive Reassurance Seeking, Relationship Processes, and Depression," *Personality and Social Psychology Bulletin* 31, no. 3 (2005): 343–59.

31 A. Levine and R. Heller, *Attached: The New Science of Adult Attachment and How It Can Help You Find—and Keep—Love* (New York: Penguin, 2012).

31 O. S. Candel and M. N. Turliuc, "Insecure Attachment and Relationship Satisfaction: A Meta-analysis of Actor and Partner Associations," *Personality and Individual Differences* 147 (2019): 190–99.

32 J. D. Power and B. L. Schlaggar, "Neural Plasticity Across the Lifespan," *Wiley Interdisciplinary Reviews: Developmental Biology* 6, no. 1 (2017): e216.

33 B. Brady, I. I. Kneebone, N. Denson, and P. E. Bailey, "Systematic Review and Meta-analysis of Age-Related Differences in Instructed Emotion Regulation Success," *PeerJ* 6 (2018): e6051.

34 S. E. Valentine, E. M. Ahles, L. E. Dixon De Silva, K. A. Patrick, M. Baldwin, A. Chablani-Medley, D. L. Shtasel, and L. Marques, "Community- Based Implementation of a Paraprofessional-Delivered Cognitive Behavioral Therapy Program for Youth Involved with the Criminal Justice System," *Journal of Health Care for the Poor and Underserved* 30, no. 2 (2019): 841–65, https://doi.org/10.1353/hpu.2019.0059.

35 Valentine et al., "Community-Based Implementation."

36 L. Marques, S. J. Youn, E. D. Zepeda, A. Chablani-Medley, A. D. Bartuska, M. Baldwin, and D. L. Shtasel, "Effectiveness of a Modular Cognitive-Behavioral Skills Curriculum in High-Risk Justice-Involved Youth," *The Journal of Nervous and Mental Disease* 208, no. 12 (2020): 925–32.

第 8 章

1 Beck, *Cognitive Behavior Therapy*.

2 M. M. Linehan, Dialectical Behavior Therapy in Clinical Practice (New York: Guilford Publications, 2020); and C. Dunkley, *Regulating Emotion the DBT Way: A Therapist's Guide to Opposite Action* (New York: Routledge, 2020).

3 Levine and Heller, *Attached*.

4 S. Compernolle, A. DeSmet, L. Poppe, G. Crombez, I. De Bourdeaudhuij, G. Cardon, and D. Van Dyck, "Effectiveness of Interventions Using Self- Monitoring to Reduce Sedentary Behavior in Adults: A Systematic Review and Meta-analysis," *International Journal of Behavioral Nutrition and Physical Activity* 16, no. 1 (2019): 1–16.

5 Linehan, *Dialectical Behavior Therapy*.

6 D. Ben-Porath, F. Duthu, T. Luo, F. Gonidakis, E. J. Compte, and L. Wisniewski, "Dialectical Behavioral Therapy: An Update and Review of the Existing Treatment Models Adapted for Adults with Eating Disorders," *Eating Disorders* 28, no. 2 (2020): 101–21.

7 S. N. Frazier and J. Vela, "Dialectical Behavior Therapy for the Treatment of Anger and Aggressive Behavior: A Review," *Aggression and Violent Behavior* 19, no. 2 (2014): 156–63.

8 N. Warner and M. Murphy, "Dialectical Behaviour Therapy Skills Training for Individuals with Substance Use Disorder: A Systematic Review," *Drug and Alcohol Review* 41, no. 2 (2022): 501–16.

9 E. McCauley, M. S. Berk, J. R. Asarnow, M. Adrian, J. Cohen, K. Korslund, and M. M. Linehan, "Efficacy of Dialectical Behavior Therapy for Adolescents at High Risk for Suicide: A Randomized Clinical Trial," *JAMA Psychiatry* 75, no. 8 (2018): 777–85.

10 T. R. Lynch, J. Q. Morse, T. Mendelson, and C. J. Robins, "Dialectical Behavior Therapy for Depressed Older Adults: A Randomized Pilot Study," *The American Journal of Geriatric Psychiatry* 11, no. 1 (2003): 33–45.

11 S. Dymond, "Overcoming Avoidance in Anxiety Disorders: The Contributions of Pavlovian and Operant Avoidance Extinction Methods," *Neuroscience and Biobehavioral Reviews* 98 (2019): 61–70, https://doi.org/10.1016/J.NEUBIOREV.2019.01.007.

12 P. Ekman, R. J. Davidson, and W. V. Friesen, "The Duchenne Smile: Emotional Expression and Brain Physiology: II," *Journal of Personality and Social Psychology* 58, no. 2 (1990): 342.

13 Ekman, Davidson, and Friesen, "The Duchenne Smile."

14 F. L. Gardner and Z. E. Moore, "Understanding Clinical Anger and Violence: The Anger Avoidance Model," *Behavior Modification* 32, no. 6 (2008): 897–912.

15 M. Jungmann, S. Vencatachellum, D. Van Ryckeghem, and C. Vögele, "Effects of Cold Stimulation on Cardiac-Vagal Activation in Healthy Participants: Randomized Controlled Trial," *JMIR Formative Research* 2, no. 2 (2018): e10257, https://doi.org/10.2196/10257.

第9章

1 Hayes, Strosahl, and Wilson, *Acceptance and Commitment Therapy*.

2 E. D. Reilly, T. R. Ritzert, A. A. Scoglio, J. Mote, S. D. Fukuda, M. E. Ahern, and M. M. Kelly, "A Systematic Review of Values Measures in Acceptance and Commitment Therapy Research," *Journal of Contextual Behavioral Science* 12 (2019): 290–304; and K. G. Wilson and A. R. Murrell, "Values Work in Acceptance and Commitment Therapy," *Mindfulness and Acceptance: Expanding the Cognitive-Behavioral Tradition* (2004): 120–51.

3 S. H. Schwartz, J. Cieciuch, M. Vecchione, E. Davidov, R. Fischer, C. Beierlein, A. Ramos, M. Verkasalo, J.-E. Lönnqvist, K. Demirutku, O. Dirilen-Gumus, and M. Konty, "Refining the Theory of Basic Individual Values," *Journal of Personality and Social Psychology* 103, no. 4 (2012): 663–88.

4 A. T. Gloster, N. Walder, M. E. Levin, M. P. Twohig, and M. Karekla, "The Empirical Status of Acceptance and Commitment Therapy: A Review of Meta-analyses," *Journal of Contextual Behavioral Science* 18 (2020): 181–92.

5 "Stress Effects on the Body," American Psychological Association, November 1, 2018, https://www.apa.org/topics/stress/body.

6 T. C. Russ, E. Stamatakis, M. Hamer, J. M. Starr, M. Kivimäki, and G. D. Batty, "Association Between Psychological Distress and Mortality: Individual Participant Pooled Analysis of 10 Prospective Cohort Studies," *BMJ* 345 (2012).

7 I. Guseva Canu, S. C. Marca, F. Dell'Oro, Á. Balázs, E. Bergamaschi, C. Besse, R. Bianchi, J. Bislimovska, A. Koscec Bjelajac, M. Bugge, C. I. Busneag, Ç. Ça layan, M. Cerni anu, C. Costa Pereira, N. Dernovš ek Hafner, N. Droz, M. Eglite, L. Godderis, H. Gündel, J. J. Hakanen, and A. Wahlen, "Harmonized Definition of Occupational Burnout: A Systematic Review, Semantic Analysis, and Delphi Consensus in 29 Countries," *Scandinavian Journal of Work, Environment & Health*

47, no. 2 (2021): 95–107, https://doi.org/10.5271/sjweh.3935.
8 "Burn-out an 'Occupational Phenomenon': International Classification of Diseases," World Health Organization, May 28, 2019, https://www.who.int/news/item/28-05-2019-burn-out-an-occupational-phenomenon-international-classification-of-diseases; and C. Maslach, S. E. Jackson, and M. P. Leiter, "Maslach Burnout Inventory: 3rd ed.," in *Evaluating Stress: A Book of Resources*, ed. C. P. Zalaquett and R. J. Wood (Lanham, MD: Scarecrow Education, 1997), 191–218.
9 "Employee Burnout Is Ubiquitous, Alarming—and Still Underreported," McKinsey & Company, April 16, 2021, https://www.mckinsey.com/featured-insights/coronavirus-leading-through-the-crisis/charting-the-path-to-the-next-normal/employee-burnout-is-ubiquitous-alarming-and-still-underreported.
10 "Workplace Burnout Survey," Deloitte, accessed October 19, 2022, https://www2.deloitte.com/us/en/pages/about-deloitte/articles/burnout-survey.html.

第10章

1 M. M. Linehan, *Skills Training Manual for Treating Borderline Personality Disorder* (New York: Guilford Press, 1993).
2 S. M. Brown, S. B. Manuck, J. D. Flory, and A. R. Hariri, "Neural Basis of Individual Differences in Impulsivity: Contributions of Corticolimbic Circuits for Behavioral Arousal and Control," *Emotion* (Washington, DC) 6, no. 2 (2006): 239–45, https://doi.org/10.1037/1528-3542.6.2.239.
3 S. Dawe and N. J. Loxton, "The Role of Impulsivity in the Development of Substance Use and Eating Disorders," *Neuroscience & Biobehavioral Reviews* 28, no. 3 (2004): 343–51; and T. M. Pronk, J. C. Karremans, and D. H. J. Wigboldus, "How Can You Resist? Executive Control Helps Romantically Involved Individuals to Stay Faithful," *Journal of Personality and Social Psychology* 100, no. 5 (2011): 827–37, https://doi.org/10.1037/a0021993.
4 A. Wigfield and J. S. Eccles, "The Development of Competence Beliefs, Expectancies for Success, and Achievement Values from Childhood Through Adolescence," *Development of Achievement Motivation* (2022): 91–120.
5 J. M. Dickson, S. Johnson, C. D. Huntley, A. Peckham, and P. J. Taylor, "An

Integrative Study of Motivation and Goal Regulation Processes in Subclinical Anxiety, Depression and Hypomania," *Psychiatry Research* 256 (2017): 6–12.
6 A. Winch, N. J. Moberly, and J. M. Dickson, "Unique Associations Between Anxiety, Depression and Motives for Approach and Avoidance Goal Pursuit," *Cognition and Emotion* 29, no. 7 (2015): 1295–305.
7 H. C. Triandis, *Individualism and Collectivism* (New York: Routledge, 2018).
8 J. W. Berry, "Acculturative Stress," in Handbook of Multicultural Perspectives on Stress and Coping, ed. P. T. P. Wong and L. C. J. Wong (Boston: Springer, 2006), 287–98.
9 L. G. Castillo, M. P. Zahn, and M. A. Cano, "Predictors of Familial Acculturative Stress in Asian American College Students," Journal of College Counseling 15, no. 1 (2012): 52–64.
10 Gloster et al., "The Empirical Status."

第 11 章

1 Beck, *Cognitive Behavior Therapy*; and S. Carvalho, C. P. Martins, H. S. Almeida, and F. Silva, "The Evolution of Cognitive Behavioural Therapy: The Third Generation and Its Effectiveness," *European Psychiatry* 41, no. S1 (2017): s773–74.
2 Hofmann et al., "The Efficacy of Cognitive Behavioral Therapy."
3 A. O'Neil, S. E. Quirk, S. Housden, S. L. Brennan, L. J. Williams, J. A. Pasco, and F. N. Jacka, "Relationship Between Diet and Mental Health in Children and Adolescents: A Systematic Review," *American Journal of Public Health* 104, no. 10 (2014): e31–42; A. J. Scott, T. L. Webb, M. Martyn St. James, G. Rowse, and S. Weich, "Improving Sleep Quality Leads to Better Mental Health: A Meta-analysis of Randomised Controlled Trials," *Sleep Medicine Reviews* 60 (2021): 101556; and A. L. Rebar, R. Stanton, D. Geard, C. Short, M. J. Duncan, and C. Vandelanotte, "A Meta-meta-analysis of the Effect of Physical Activity on Depression and Anxiety in Non-clinical Adult Populations," *Health Psychology Review* 9, no. 3 (2015): 366–78.
4 S. R. Chekroud, R. Gueorguieva, A. B. Zheutlin, M. Paulus, H. M. Krumholz, J. H. Krystal, and A. M. Chekroud, "Association Between Physical Exercise and Mental

Health in 1.2 Million Individuals in the USA Between 2011 and 2015: A Cross-sectional Study," *The Lancet Psychiatry* 5, no. 9 (2018): 739–46.

5 J. Kabat-Zinn, "Mindfulness," *Mindfulness* 6, no. 6 (2015): 1481–83.

6 S. B. Goldberg, R. P. Tucker, P. A. Greene, R. J. Davidson, B. E. Wampold, D. J. Kearney, and T. L. Simpson, "Mindfulness-Based Interventions for Psychiatric Disorders: A Systematic Review and Meta-analysis," *Clinical Psychology Review* 59 (2018): 52–60.

7 R. F. Adler and R. Benbunan-Fich, "Juggling on a High Wire: Multitasking Effects on Performance," *International Journal of Human- Computer Studies* 70, no. 2 (2012): 156–68.

8 K. E. May and A. D. Elder, "Efficient, Helpful, or Distracting? A Literature Review of Media Multitasking in Relation to Academic Performance," *International Journal of Educational Technology in Higher Education* 15, no. 1 (2018): 1–17.

9 Hayes, Strosahl, and Wilson, *Acceptance and Commitment Therapy*.

10 Gloster et al., "The Empirical Status."

11 Hayes, Strosahl, and Wilson, *Acceptance and Commitment Therapy*.

12 Hayes, Strosahl, and Wilson, *Acceptance and Commitment Therapy*.

13 S. C. Hayes, *A Liberated Mind: How to Pivot Toward What Matters* (New York: Penguin, 2020); and J. A. Stoddard and N. Afari, *The Big Book of ACT Metaphors: A Practitioner's Guide to Experiential Exercises and Metaphors in Acceptance and Commitment Therapy* (Oakland, CA: New Harbinger Publications, 2014).

14 S. Grégoire, M. Doucerain, L. Morin, and L. Finkelstein-Fox, "The Relationship Between Value-Based Actions, Psychological Distress and Well-Being: A Multilevel Diary Study," *Journal of Contextual Behavioral Science* 20 (2021): 79–88.

15 C. L. Caldwell-Harris, "Emotionality Differences Between a Native and Foreign Language: Implications for Everyday Life," *Current Directions in Psychological Science* 24, no. 3 (2015): 214–19.

16 D. W. Sue, C. M. Capodilupo, G. C. Torino, J. M. Bucceri, A. Holder, K. L. Nadal, and M. Esquilin, "Racial Microaggressions in Everyday Life: Implications for Clinical Practice," *American Psychologist* 62, no. 4 (2007): 271.

17 P. P. Lui and L. Quezada, "Associations Between Microaggression and Adjustment Outcomes: A Meta-analytic and Narrative Review," *Psychological Bulletin* 145, no. 1 (2019): 45.

18 R. L. Gobin and J. J. Freyd, "The Impact of Betrayal Trauma on the Tendency to Trust," *Psychological Trauma: Theory, Research, Practice, and Policy* 6, no. 5 (2014): 505.

19 M. E. Levin, M. J. Hildebrandt, J. Lillis, and S. C. Hayes, "The Impact of Treatment Components Suggested by the Psychological Flexibility Model: A Meta-analysis of Laboratory-Based Component Studies," *Behavior Therapy* 43, no. 4 (2012): 741–56.

20 J. D. Doorley, F. R. Goodman, K. C. Kelso, and T. B. Kashdan, "Psychological Flexibility: What We Know, What We Do Not Know, and What We Think We Know," *Social and Personality Psychology Compass* 14, no. 12 (2020): 1–11.

21 Simon Sinek's bio, https://simonsinek.com/simons-bio.

22 S. Sinek, Start with Why: *How Great Leaders Inspire Everyone to Take Action* (New York: Penguin, 2009).

第12章

1 Harmon-Jones and Mills, "An Introduction to Cognitive Dissonance Theory"; and Oswald and Grosjean, "Confirmation Bias": 83.

2 M. Costandi, *Neuroplasticity* (Cambridge, MA: MIT Press, 2016); and J. Shaffer, "Neuroplasticity and Clinical Practice: Building Brain Power for Health," *Frontiers in Psychology* 7 (2016): 1118. https://doi.org/10.3389/fpsyg.2016.01118.

3 Genet and Siemer, "Flexible Control in Processing."

4 Friston, "The Free-Energy Principle"; and Friston et al., "Active Inference."

5 Dymond, "Overcoming Avoidance in Anxiety Disorders."

Eurasian Publishing Group 圓神出版事業機構 用心與你對話．視野無限寬廣
先覺出版社 Prophet Press
www.booklife.com.tw
reader@mail.eurasian.com.tw
人文思潮 172

大膽行動：

哈佛心理學教授破解負能量，改變人生三步驟

作　　者／盧安娜．馬奇斯博士（Dr. Luana Marques）
譯　　者／陳筱宛
發 行 人／簡志忠
出 版 者／先覺出版股份有限公司
地　　址／臺北市南京東路四段50號6樓之1
電　　話／（02）2579-6600．2579-8800．2570-3939
傳　　真／（02）2579-0338．2577-3220．2570-3636
副 社 長／陳秋月
資深主編／李宛蓁
責任編輯／林淑鈴
校　　對／劉珈盈．林淑鈴
美術編輯／林韋伶
行銷企畫／陳禹伶．黃惟儂
印務統籌／劉鳳剛．高榮祥
監　　印／高榮祥
排　　版／陳采淇
經 銷 商／叩應股份有限公司
郵撥帳號／ 18707239
法律顧問／圓神出版事業機構法律顧問蕭雄淋律師
印　　刷／祥峰印刷廠
2024年3月　初版

定價 430 元　　ISBN 978-986-134-491-1

人的大腦很強，我們想像情境的能力可以支配自己的很多行動。有時，這些行動對我們的目標會產生不良效果（吃了那塊蛋糕！停止正在進行的計畫！）。但它們不一定非得如此不可，你可以利用大腦的驚人力量來優化自己的行動。成爲大腦的司機，而不是裡面的乘客。

——《功能性意象訓練：成功無僥倖，實現目標的科學實證法》

國家圖書館出版品預行編目資料

大膽行動：哈佛心理學教授破解負能量，改變人生三步驟／
安娜．馬奇斯博士（Dr. Luana Marques）著；陳筱宛 譯．
-- 初版．-- 臺北市：先覺出版股份有限公司，2024.3
384 面；14.8 × 20.8 公分（人文思潮系列：172）
譯自：Bold Move: A 3-Step Plan to Transform Anxiety into Power
ISBN　978-986-134-491-1（平裝）
1. CST：自我實現　2. CST：生活指導　3. CST：焦慮

177.2　113001021